Está bien que no estés bien

MEGAN DEVINE

Está bien que no estés bien

Afrontar el duelo y la pérdida en una cultura

que no los comprende

Prefacio del autor más vendido
del *New York Times*, Mark Nepo

EDICIONES OBELISCO

Si este libro le ha interesado y desea que le mantengamos informado
de nuestras publicaciones, escríbanos indicándonos qué temas son de su interés (Astrología,
Autoayuda, Ciencias Ocultas, Artes Marciales, Naturismo, Espiritualidad, Tradición…)
y gustosamente le complaceremos.

Puede consultar nuestro catálogo en www.edicionesobelisco.com

Colección Psicología
Está bien que no estés bien
Megan Devine

1.ª edición: marzo de 2019

Título original: *It's ok that you're not ok*

Traducción: *Pilar Guerrero*
Maquetación: *Marga Benavides*
Corrección: *Sara Moreno*
Diseño de cubierta: *Enrique Iborra*

© 2017, Megan Devine
2017, Mark Nepo por el prólogo
Edición publicada por acuerdo exclusivo con SOUND TRUE Inc.
(Reservados todos los derechos)
© 2019, Ediciones Obelisco, S.L.
(Reservados los derechos para la presente edición)

Edita: Ediciones Obelisco, S.L.
Collita, 23-25 Pol. Ind. Molí de la Bastida
08191 Rubí - Barcelona - España
Tel. 93 309 85 25 - Fax 93 309 85 23
E-mail: info@edicionesobelisco.com

ISBN: 978-84-9111-429-1
Depósito Legal: B-1.343-2019

Printed in Spain

Impreso en España en los talleres gráficos de Romanyà/Valls S.A.
Verdaguer, 1 - 08786 Capellades (Barcelona)

Para todos los que están hartos de las pesadillas de los demás.

Enfrentada a todo lo que está perdido, canta con una muchacha callejera que también es ella misma, su propio amuleto.
ALEJANDRA PIZARNIK

Para todas las criaturas pequeñas que sólo son capaces de soportar la inmensidad a través del amor.
CARL SAGAN

PREFACIO

Hay una doble paradoja en el ser humano. Para empezar, nadie puede vivir tu vida por ti –nadie puede tener tu misma cara ni sentirse como tú te sientes– y nadie puede vivir completamente aislado. En segundo lugar, al vivir nuestra propia vida, amaremos y perderemos. No se sabe por qué, pero así es. Si llegamos a sentir amor por alguien en nuestra vida, tarde o temprano nos toparemos con el dolor y la pérdida. Si nos empeñamos en evitar el dolor y la pérdida, entonces no podremos querer a nadie. Por el contrario, de un modo tan misterioso como poderoso, conociendo bien el amor y el dolor de la pérdida, nos sentimos profundamente vivos.

Habiendo conocido el amor y la pérdida, Megan Devine es una compañera fuerte y solícita. Amó profundamente a alguien y luego lo perdió, así que sabe que en la vida nada permanece. No hay ninguna forma de superar la pérdida, sino que se aprende a vivir con ella. El dolor y la pérdida cambian nuestro panorama. El terreno parece diferente y no se puede volver atrás. Sólo te queda la tarea interna de trazarte un nuevo mapa lo más preciso posible. Como dice Megan sabiamente, «No estamos aquí para anclarnos en el sufrimiento, sino para atenderlo».

Lo cierto es que aquel que sufre gana una sabiduría que el resto necesitamos. Y dado que vivimos en una sociedad a la que le aterrorizan los sentimientos, es importante abrir a los demás las profundidades del viaje de la vida humana, que sólo puede conocerse viviendo con sentimiento.

Finalmente, el auténtico vínculo del amor y la amistad viene dado por la intensidad con la que experimentemos el amor y la pérdida juntos, sin juzgar ni empujar a nadie; no dejar que otra persona se hunda en la miseria ni rescatarla cuando se enfrenta al bautismo de fuego. Como afirma Megan, «Lo único realmente seguro es penetrar en el dolor de los demás [y] reconocernos a nosotros mismos en dicho dolor».

El trabajo, solos o con otras personas, no consiste en minimizar el dolor y la pérdida que sentimos, sino en investigar qué incidentes derivados del cambio de vida se han abierto en nuestro interior. Yo he aprendido a través de mi propio sufrimiento y duelo que estar roto no es razón para verlo todo roto a tu alrededor. Además, el mayor don del ser humano es la capacidad para centrarse en el esfuerzo para recomponerse y, cuando llegan los problemas, hacer un buen uso de sus enseñanzas.

Como san Juan de la Cruz, que se enfrentó a la oscura noche del alma, o como Jacob, que luchó contra el ángel sin nombre en el fondo del barranco, Megan perdió a su pareja, Matt, y tuvo que luchar en el barranco más oscuro. Y la verdad que aprendió no fue que todo pasa, que las aguas vuelven a su cauce y que todo se cura y se olvida, sino que las cosas te envuelven y enraízan como reales, que aquellos que sufren grandes pérdidas siguen inextricablemente entretejidos con la vida, nuevamente, porque todo es cambiante.

En la *Divina comedia* de Dante, Virgilio guía a Dante a través del infierno hacia el purgatorio, y luego hasta que Dante encuentra un muro de fuego, ante el que retrocede asustado. Pero Virgilio le dice: «No tienes elección. Éste es el fuego que quema pero no consume». Dante sigue asustado. Percibiéndolo, Virgilio puso la mano en su hombro y repitió: «No tienes elección». Entonces Dante reunió todas sus fuerzas y entró.

Todo el que vive acaba entrando, tarde o temprano, en un muro de fuego. Como Virgilio, Megan nos guía a través del infierno, hacia el muro de fuego que tantas personas penetran completamente solas, tras lo cual se convierten en sus propios guías. Como Virgilio, Megan señala un camino, no *el camino,* sino uno posible, ofreciendo unas cuantas cosas para agarrarse cuando estemos dentro del torbellino del dolor. Éste es un trabajo osado sobre el amor y la pérdida que ofrece compañía en el proceso, no importa lo largo que sea el camino. Y Megan es una maestra valiente. Si te encuentras de viaje por el sufrimiento, agárrate a este libro. Te ayudará a cargar con el fardo que realmente te corresponde al tiempo que te sentirás menos solo en tu travesía.

Mark Nepo

AGRADECIMIENTOS

Yo soy de las que siempre leen los agradecimientos en un libro. Me gusta ver las relaciones que tienen las personas, los mentores y los guías, la vida que rodea un libro y la persona que lo ha escrito. Un libro es un pedacito de vida y un producto de ella. Se retroalimentan, aunque quede raro decirlo así. Este libro ha sido muy duro de redactar, aunque también muy hermoso, en una forma que no siempre se ve claramente en sus páginas, pero que se capta con facilidad para las personas de mi vida. Samantha (el sostén de todo), Cynthia, Rosie, TC, Steph, Michael, Sarah, Naga, Wit y un puñado más de gente que han estado yendo y viniendo durante la redacción, gracias por haber estado ahí, por haberme escuchado, por reconducirme cuando me sentía perdida. A mis amores gemelos, quienes durante la redacción de este libro jugaron conmigo, fueron mi aventura, mi respiro y mi alegría –mientras dure y también después–, gracias. Gracias a mi grupo de tango, el único sitio donde realmente dejaba de escribir, incluso en mi cabeza. A mis alumnos de escritura, que, por muchas razones, han sido la columna vertebral de este libro, sus *e-mails* y sus notas solían llegarme en el momento oportuno para recordarme por qué estaba haciendo este trabajo. Gracias, amores, por compartir vuestros corazones y vuestras palabras conmigo. A mis amigos y allegados que murieron después del fallecimiento de Matt, porque sigo sintiendo que estáis cerca de mí. Entonces y ahora, vuestro apoyo tiene más valor para mí que el mundo entero. Gracias a mi agente, David Fugate, que creyó en el mensaje de transformación cultural desde el primer momento que hablé con él sobre el sufrimiento. Y a mi equipo de Sounds True, que, como antes he dicho, me han transmitido amor y cuidados, lo cual es todo para mí. Gracias.

Y aunque parezca extraño, tal vez arrogante, quiero darme las gracias a mí misma; a la persona que un día fui, la persona que estaba en el río aquel día, la persona de los años que siguieron, aquella que fue capaz de vivir cuando no tenía ganas de hacerlo. Este libro es una carta de amor para ella, un viaje en el tiempo. Con esta obra, en muchos sentidos, quiero para los demás lo mismo que he querido para mí: volver a abrazar la mujer que fui, con mis palabras, para ayudarla a sobrevivir. Y estoy encantada de haber seguido viviendo.

INTRODUCCIÓN

La forma que tiene nuestra cultura de lidiar con el duelo no sirve.
Yo creía que sabía algunas cosillas sobre el sufrimiento. Después de
todo, fui psicoterapeuta particular cerca de diez años. Trabajé con centenares de personas –desde los que luchaban contra la adicción a alguna droga y vivían en la indigencia hasta clientes que se enfrentaban a
años de abusos, traumas y penalidades de todas clases–. Trabajé en la
educación contra la violencia sexual y en la abogacía, ayudando a gente a navegar por mares de aterradoras experiencias vitales. Estudié el
cortante filo de la inteligencia emocional y de la resiliencia. Sentí en lo
más profundo que estaba haciendo una importante tarea, un valioso
trabajo.

Y luego, en un bonito y corriente día de verano del año 2009, vi a
mi pareja ahogarse. Matt era un hombre fuerte, estaba en forma, estaba sano. Hacía tres meses que había cumplido cuarenta años. Con sus
habilidades y su experiencia, no había razón alguna para que se ahoga-
se. Su muerte fue fortuita, inesperada y desgarró todo mi mundo.

Tras la muerte de Matt, quise llamar a todos mi clientes y discul-
parme con ellos por mi ignorancia. Aunque se suponía que era una
experta en el trabajo emocional más profundo, la muerte de Matt me
descubrió un mundo totalmente distinto. Nada de lo que sabía podía
aplicarse a una pérdida de semejante magnitud. Si había alguien con
suficiente experiencia y práctica –si es que alguien puede estar preparado para batallar con este tipo de pérdidas– ésa debería haber sido yo.

Pero nada podría haberme preparado para eso. Nada de todo lo que había aprendido me servía.

Y no estaba sola.

Los primeros años tras la muerte de Matt, fui descubriendo, poco a poco, un grupo de gente afligida. Escritores, activistas, profesores, trabajadores sociales y científicos, cada cual en su mundo profesional, con su banda de viudas jóvenes y padres dolientes por la muerte de sus niños, que se reunían para compartir su experiencia con el sufrimiento. Pero no se trataba solamente de compartir el duelo. Todos y cada uno de nosotros se sintió juzgado, avergonzado y corregido en su pena. Compartíamos historias para animarnos a «olvidar», a dejar atrás el pasado y a dejar de hablar sobre lo que habíamos perdido. Éramos empujados a seguir con nuestras vidas y nos decían que necesitábamos esas muertes para comprender lo que realmente importa en la vida. Incluso los que intentaban ayudar acababan hiriéndonos. Tópicos y consejos, incluso cuando se dicen con la mejor intención, acaban resultando desdeñosos, capaces de reducir tan inmenso dolor a una postal de felicitación de una sola línea.

En un momento en el que la mayoría necesitamos afecto y apoyo, cada uno de nosotros se siente solo, incomprendido, juzgado y desplazado. Y no es que la gente que nos rodea sea cruel, lo que pasa es que no saben ni qué decir ni qué hacer para ayudarnos realmente. Como mucha gente afligida, no hablamos de nuestro sufrimiento ni a los amigos ni a la familia. Es aparentemente más fácil hacer ver que la vida sigue y que todo está en orden que ir machacando continuamente con algo que los demás no pueden entender en profundidad. En ocasiones se busca gente que también está de luto porque son los únicos que nos parecen verdaderamente capaces de comprendernos.

El dolor por la pérdida es algo que todo el mundo experimenta en algún momento de la vida. Y todos nos hemos sentido incomprendidos en los momentos realmente malos. Y también a todos nos ha pasado sentirnos completamente inútiles a la hora de ayudar al prójimo cuando está de duelo. Todos hemos dado palos de ciego buscando palabras de consuelo, cuando no hay palabra alguna que arregle las cosas. En este caso nadie sale ganando: los afligidos sienten incomprensión y los que los rodean se sienten estúpidos e inútiles frente al dolor ajeno. Sabemos que necesitamos ayuda, pero no tenemos la menor idea de dónde buscarla ni cómo pedirla. Intentando ayudar en lo posible, acabamos haciendo más daño en el momento más delicado de sus vidas. Nuestra buena intención lo complica todo.

No es culpa de nadie. Todos necesitamos sentirnos queridos y arropados en tiempos de aflicción y todos queremos socorrer a las personas que amamos cuando están sufriendo. El problema es que lo estamos haciendo de manera incorrecta.

Nuestra cultura entiende el duelo como una especie de enfermedad: una emoción terrorífica y desordenada que hay que sacarse de encima y tirar bien lejos tan pronto como sea posible. El resultado de esta concepción es que tenemos creencias desfasadas sobre cuánto debería durar la tristeza y a qué debería parecerse. Vemos la tristeza como algo a superar, no como algo que debe apoyarse. Incluso los profesionales de la mente están entrenados para entender la tristeza como un desorden, no como una respuesta natural ante una pérdida importante. Cuando los profesionales no saben manejar la pena, difícilmente podremos esperar los demás responder adecuadamente.

Hay una grieta, una división entre cómo quisiéramos estar y cómo estamos realmente. Las herramientas con las que contamos generalmente para lidiar con el duelo no ayudan en absoluto a minimizar dicha grieta. Nuestras creencias culturales y profesionales sobre cómo es el sufrimiento nos impiden cuidarnos desde el interior de la pena misma e imposibilitan que podamos ayudar a los que más queremos. Y lo que es peor, dicha forma de pensar añade sufrimiento a un duelo normal.

Hay otro modo.

Desde la muerte de Matt, trabajé con centenares de personas que estaban pasando su duelo a través de mi web, Refuge in Grief. He pasado los últimos años adquiriendo experiencia sobre lo que realmente ayuda durante el proceso de duelo. A lo largo de ese tiempo, me hice popular a nivel nacional no sólo como portavoz del apoyo en la tristeza sino relacionándome de manera más compasiva y hábil con los demás.

Mis teorías sobre el sufrimiento, la vulnerabilidad y la inteligencia emocional se han diseñado en función de mi propia experiencia y la de miles de personas que hicieron todo lo que estuvo en su mano para abrirse camino en el panorama del dolor. A partir de la gente doliente y de los familiares y amigos que les apoyaban, pude identificar el problema real: nuestra cultura, sencillamente, nunca nos ha dicho cómo aproximarnos al duelo con la habilidad necesaria para que nos sea de ayuda.

Si queremos acompañar a alguien de la mejor manera, tendremos que humanizar la pena. Tenemos que hablar de ella. Tenemos que entender que es una respuesta completamente natural, es un proceso normal, en lugar de entenderla como algo maligno de lo que hay que huir apresuradamente. Es necesario que empecemos a hablar sobre las habilidades necesarias para enfrentarse a la realidad de tener que vivir una vida completamente transformada por la pérdida.

Está bien que no estés bien proporciona un nuevo enfoque del sufrimiento, un nuevo modelo ofrecido no por un profesor encerrado en un despacho de trabajo que ha estado *estudiando* la tristeza, sino por alguien que la ha vivido en primera persona, en sus carnes. Yo he estado sumergida en el sufrimiento. Yo he sido una persona tirada en el suelo, incapaz de comer ni dormir, incapaz de salir de casa más de diez minutos. He estado en el otro lado de la mesa del terapeuta, recibiendo charlas tan irrelevantes como desfasadas sobre el poder del pensamiento positivo. He luchado contra los aspectos físicos de la pena (pérdida de memoria, cambios cognitivos, ansiedad) y al final encontré herramientas de ayuda. Combinando mis habilidades clínicas con mi experiencia personal, he aprendido la diferencia entre *disolver* el dolor y *atender* al dolor. He aprendido, de primera mano, por qué intentar hablar con alguien desde fuera de su sufrimiento es desgarrador y por completo diferente de ayudarlo a vivir con su duelo.

Este libro muestra un camino para replantearnos nuestra relación con la tristeza. Anima a los lectores a ver el duelo como una respuesta natural a la muerte y la pérdida, no un estado aberrante que necesita transformarse en algo mejor. Cambiando el enfoque del sufrimiento como un problema que debe solventarse a una experiencia que debe vivirse plenamente, ofrecemos al lector lo que hemos querido para nosotros mismos: comprensión, compasión, validación y un camino claro para atravesar el dolor.

Está bien que no estés bien muestra a los lectores cómo vivir con habilidad y empatía durante su proceso de duelo, pero no sólo es un libro para gente que sufre: este libro también enseña cómo hacer las cosas mejor para todo el mundo. Todos y cada uno de nosotros experimentaremos esta emoción a lo largo de nuestras vidas, en un momento u otro. Todos conocemos a alguien que lo está pasando mal porque ha perdido un ser querido. La pérdida es una experiencia universal.

En un mundo que nos dice que la pena por la muerte de un ser querido es una enfermedad que necesita tratamiento, este libro ofrece una perspectiva diferente, una visión que anima a reexaminar nuestra relación con el amor, la pérdida, el corazón roto y la comunidad. Si queremos empezar a comprender la naturaleza del sufrimiento, deberemos tener una cultura más afectiva y sustentadora. Podemos conseguir lo que más queremos: ayudar a los demás en sus momentos de necesidad para que se sientan queridos y apoyados sin importar los errores que hayan cometido en sus vidas. Cuando cambiemos nuestras conversaciones entorno al duelo, estaremos haciendo lo mejor para todos.

Lo que todos nosotros compartimos —la verdadera razón de este libro— es el deseo de amar mejor. De amarnos a nosotros mismos en mitad del más profundo sufrimiento, de amar a otra persona cuando la tristeza cae sobre ella con todo el peso. Esta obra ofrece las habilidades necesarias para hacer que ese amor se haga realidad.

Gracias por estar aquí. Por tener ganas de leer este texto, por escuchar, por aprender. Juntos podemos hacer las cosas mejor, incluso cuando no podemos hacerlas bien.

PARTE I

ES TAN

DESCABELLADO

COMO CREES QUE ES

1

LA REALIDAD DE LA PÉRDIDA

He aquí lo que quiero que te quede más claro: es tan malo como crees.

No importa lo que te diga la gente, es horrible. Lo que ha pasado no tiene arreglo. Lo que has perdido no lo vas a recuperar. No hay nada bueno en el hecho central.

Lo más importante es reconocerlo.

Estás sumido en la pena y no hay más.

La realidad del duelo es muy diferente a cómo lo ven los demás desde fuera. Es un tipo de sufrimiento al que no le sirven los ánimos externos.

No necesitas soluciones. No necesitas que te saquen del dolor. Lo que necesitas es que tu pena sea visible y reconocida. Necesitas alguien que te coja de la mano sin decir nada, cuando te ves ahí, parado, presa del estupor, mirando fijamente el agujero inmenso que ha aparecido en tu existencia.

Hay cosas que no pueden solventarse. Sólo pueden sobrellevarse.

LA REALIDAD DEL SUFRIMIENTO

Cuando un acontecimiento trastorna severamente tu vida o le llega la muerte a alguien cercano, todo cambia. Incluso cuando se espera la muerte de un ser querido, su pérdida siempre pilla por sorpresa. Todo es diferente a partir de entonces. La vida que esperabas tener desaparece: se pulveriza. Se abre una brecha y nada tiene sentido. Tenías una vida normal y ahora, de repente, tu vida es todo menos normal. Y la gente que te rodea empieza a soltar eslóganes por la boca, pésames, intentando animarte. Intentando sacarte de tu sufrimiento.

■ ■ ■

Las cosas no son como tú crees que deberían ser.

El tiempo se para. Nada parece real. Tu mente no puede parar de pensar en los últimos acontecimientos con la esperanza de encontrar una salida distinta. La realidad cotidiana, el mundo del día a día, que los demás están viviendo como si nada, te resulta cruel. No puedes comer (o te comes todo lo que encuentras). No puedes conciliar el sueño (o te pasas el día en la cama). Cada objeto que te rodea se convierte en un artefacto, un símbolo de la vida que tenías, que deberías seguir teniendo y que ya no tienes. No hay nada, absolutamente nada, que no se haya visto afectado por la pérdida.

Los días posteriores a la desaparición de tu ser querido, has escuchado todo tipo de cosas sobre tu dolor, todo el mundo opina. Eso es porque nadie quiere verte triste. Que si todo pasa por una razón, que si a cada cual le llega su hora, que si ya disfrutaste de él el tiempo que estuvisteis juntos. Que si eres fuerte e inteligente y encontrarás los recursos para seguir adelante, que estas experiencias nos hacen más fuertes. Y luego viene la canción sobre rehacer tu vida más adelante, volver a tener pareja o tener otro hijo o lograr convertir tu pena en algo hermoso, útil y positivo.

Las condolencias y las frases de ánimo no arreglan nada. De hecho, ese tipo de apoyo social te hace pensar que nadie está entendiendo nada. Lo que te pasa no es un corte en el dedo, no es una crisis de confianza. Tú no necesitas que te pasen estas cosas horribles para saber lo que es importante en la vida, ni para averiguar quién eres realmente, ni para saber hasta qué punto amabas a esa persona desaparecida.

El camino correcto es decir la verdad pura y dura sobre el sufrimiento: tu pérdida es exactamente tan horrorosa como te parece. Y la gente, en su intento por ayudarte, está reaccionando tan pobre y miserablemente como te parece. No estás volviéndote loco. Locura es lo que acaba de pasar en tu vida y todo lo que estás sintiendo es propio de una persona cuerda y sana.

¿DÓNDE ESTÁ EL PROBLEMA?

La mayor parte del apoyo que recibas durante esos primeros días es menos útil que nada. Porque nadie te habla de la pérdida, la gente –y muchos profesionales– creen que el duelo y la sensación de pérdida son aberrantes, contrarios a una vida normal y feliz.

Mucha gente cree que el objetivo del apoyo en el duelo debe servir para hacerlo desaparecer, para detener el dolor. Es una emoción fea que debe combatirse de inmediato. Una desgraciada, aunque fugaz, experiencia que debe superarse lo antes posible y dejarla en el pasado.

Esa creencia es tan falsa que deja a mucha gente afligida con la sensación de estar completamente solos, abandonados en la cima de su gran montaña de dolor. Hay mucho de crítica y de juicio dentro del sufrimiento, por eso bastante gente opina que es mejor no hablar de ello. Dado que no hablamos de la realidad de la pérdida, los afectados sienten que lo que les ha pasado es raro, anormal o erróneo.

No hay nada de erróneo en el dolor. Es una extensión natural del amor. Es una respuesta sana a la pérdida. Que el duelo haga daño no significa que sea malo; que te parezca que te vas a volver loco no significa que te estés volviendo loco.

La pena es parte del amor. El amor por la vida, por uno mismo, por los demás. Lo que estás viviendo, por mucho que duela, es amor. Y el amor es una cosa muy dura. En ocasiones el amor es desgarrador.

Si quieres vivir esta inevitable experiencia como parte del amor, tenemos que empezar a hablar de ello en términos reales, no como si de una patología se tratase, no con falsas esperanzas de que todo volverá a la normalidad cuando se acabe.

EL DOLOR MÁS ALLÁ DE LA PENA «NORMAL»

Cada día lleva consigo pérdidas y sufrimiento. Nuestra cultura tiene por delante un fabuloso trabajo para dar voz a cada cual, para honrar y validar el duelo que llevamos en nuestros corazones, todas las pérdidas que debemos asumir en la vida. Pero este libro no trata de esas pérdidas cotidianas.

Hay puñaladas en la vida que duelen de verdad, duelen inmensamente, tanto que parece que no las vamos a poder soportar. Trabajar duramente en uno mismo puede transformar muchas dificultades. Como dicen los jungianos, siempre se encuentra oro en las profundidades si cavamos decididamente. Pero en momentos de pérdida severa no estamos para excavaciones. No podemos trabajar ni en nosotros mismos ni en nada. Únicamente tratamos de no hundirnos más. No hemos perdido «algo bonito» a la espera que nos llegue algo más conveniente. El trabajo de transformación no sirve para nada en estas circunstancias, no es aplicable.

Hay pérdidas que transforman el mundo. Muertes que cambian tu punto de vista sobre las cosas, penas que todo lo derrumban. El dolor puede transportarte a un universo por completo diferente, incluso para aquellos que creen que nada ha cambiado realmente.

Cuando hablo de pérdida, cuando hablo de sufrimiento, estoy hablando de cosas que están más allá de lo que consideramos el orden natural de las cosas. Estoy hablando de accidentes, enfermedades, desastres naturales, guerras, crímenes violentos y suicidios. Me estoy refiriendo a pérdidas aleatorias, atípicas, inusuales, que parecen cada vez más frecuentes desde que me dedico a este trabajo. Me estoy refiriendo a pérdidas subterráneas, sobre cuyo dolor nadie quiere hablar –o lo que es peor: nadie quiere escuchar hablar de ellas–: el bebé que muere poco antes de nacer sin causa conocida. El atlético hombre que tiene un accidente de coche y se queda paralítico. La joven mujer que ve cómo le disparan a su marido para robarle el coche. La pareja que desaparece bajo una ola enorme y se ahoga. La sana y vital mujer a la que descubren un cáncer avanzado en una simple revisión rutinaria que deja marido, hijos e innumerables amigos poco después. El chaval de veinte años atropellado por un autobús mientras estaba de voluntario para una ONG de África. La familia que se va de vacaciones a Indonesia y acaban todos muertos bajo un tsunami.

La comunidad se tambalea tras un crimen de odio, clamando por sus amigos y familias. El niño pequeño que muere tras una grave enfermedad en los huesos. El hermano con el que has desayunado felizmente muere antes del almuerzo. El amigo cuya angustia no supiste calibrar correctamente hasta que lo encontraron muerto por su propia mano.

Quizás hayas llegado hasta aquí porque alguien cercano ha muerto. Yo estoy aquí porque alguien murió. Quizás estés aquí porque tu vida ha cambiado irrevocablemente, ya sea por un accidente, una enfermedad, por un crimen violento o por una causa natural.

¡Qué frágil y aleatoria puede ser la vida!

Nunca hablamos de la fragilidad de la vida, de que lo que puede ser normal en un momento dado, puede cambiar completamente al minuto siguiente. No hay palabras, no hay lenguaje, no hay capacidad que pueda hacer frente a eso, ni como comunidad ni individualmente. Y como no hablamos de estas cosas, cuando más afecto y apoyo necesitamos no encontramos nada. Lo que encontramos para agarrarnos está muy lejos de lo que necesitamos.

La realidad del duelo es diferente de lo que la gente ve o espera desde fuera. Las condolencias y las palmaditas en la espalda no funcionan. Y es que no hay una razón para todo. No todas las pérdidas pueden transformarse en algo útil. No todo lo que pasa es reciclable.

Hay que empezar a decir la verdad sobre este tipo de dolor. Sobre el duelo, sobre el amor, sobre la pérdida.

Lo cierto es que, de una manera u otra, amar es perder, tarde o temprano. Sobrevivir en un mundo tan tenue y pasajero no es tarea fácil. A veces, el corazón se rompe de manera que no se puede reconstruir. Algunas penas se convierten en parte inamovible de nuestras vidas. Lo que tenemos que hacer es aprender a vivir con ese vacío, cómo seguir adelante con esa cicatriz indeleble y cómo cuidar a los demás en ese estado permanente. Tenemos que aprender a vivir así, sabiendo que la vida cambia continua e indefinidamente.

Necesitamos empezar a hablar sobre *este aspecto* de la vida, que es la realidad del amor.

SUPERVIVENCIA

Si te encuentras en este punto, viviendo una vida que no has pedido, en una vida que no viste venir, lo lamento. No puedo decirte que te sentirás mejor al acabar de leer mi libro ni que las cosas irán mejor.

No estás «de maravilla». Nunca estarás «de maravilla».

Sea cual sea la pena que arrastres, es importante saber lo mala que es, lo dura que resulta. Te parecerá horroroso, terrorífico e insostenible.

Este libro no te va a restaurar, no va a arreglar tu dolor. No te hará sentirte mejor ni te devolverá a tu estado «normal». Pero sí te enseñará a vivir desde la pérdida, cómo sobrellevar lo que ya no tiene arreglo. Cómo sobrevivir.

Ya sé que incluso pensar eso –que *puedes* sobrevivir a algo tan horrible– es horroroso en sí mismo, pero lo cierto es que sobrevivir es la palabra más adecuada para definir lo que vas a poder hacer tras una pérdida realmente severa.

Tu supervivencia en una vida post no va a ser un proceso gradual en el que vayas asumiendo diferentes escalafones, ni tendrás que seguir las recomendaciones de nadie sobre cómo deberás vivir tu vida. La supervivencia llega de repente, sin esperarlo, a lo bestia. No hay que conseguir sobrevivir, hay que sobrevivir y punto. En otras palabras, hay que dejar atrás la vida que has perdido, como si ya no te sirviera de nada.

Para poder sobrevivir hay que encontrar un tipo de vida que resulte auténtica y verdadera para ti, y para conseguirlo hay que empezar por decir la verdad. Dicha verdad es tan fea como supones. Cada vez que te topes con la realidad, verás que es tan desagradable y rara como sabías que sería. Cuando empecemos, deberemos hablar sin tapujos sobre lo que representa vivir desde la pena, vivir dentro del amor que nos queda tras la pérdida.

CÓMO USAR ESTE LIBRO

Está bien que no estés bien se divide en cuatro partes: la realidad de la pérdida, lo que se hace con el sufrimiento que nos ha invadido, la familia y los amigos y el camino para salir adelante. A lo largo de la obra, encontrarás fragmentos de mis alumnos de los cursos «Escribe sobre tu dolor». Sus palabras, a menudo más que las mías, ilustran el desafío y los múltiples aspectos del sufrimiento vivido abierta y honestamente.

Aunque el libro está exento de una manera un tanto lineal, puedes leerlo en el orden que prefieras. Puedes leer pasajes del libro como te apetezca porque, igual que con la pena, no hay una única forma correcta de aproximarse. Especialmente en casos de dolor reciente, absorberás todo lo que se te ponga por delante. Incluso si notas tendencia a darle vueltas a tu pena continuamente, de manera obsesiva, ésta tiene vías de acortamiento considerables. Asume las cosas en porciones que puedas manejar (hablaré sobre cómo el duelo afecta al cerebro en la segunda parte).

La primera parte del libro trata sobre nuestra cultura del sufrimiento y cómo todos pasamos, tarde o temprano, por lo mismo que estás pasando tú. Profundiza en las raíces históricas el analfabetismo emocional, en nuestra común aversión a enfrentarnos a la realidad dolorosa. Se presenta una visión amplia del duelo, el panorama de cómo la pena –y el amor– aparecen cuando se miran a través de una lente de mucho aumento.

Pensarás que si tu mundo acaba de implosionar, de qué sirve preocuparse por tener una visión amplia. ¿Por qué tenemos que perder el tiempo reflexionando sobre el analfabetismo emocional que reina en el mundo?

En principio tienes razón: la comprensión cultural del duelo no importa nada en los primeros momentos de haber sufrido una pérdida. Lo que realmente importa es no sentirte tan solo como si el mundo entero te hubiera abandonado. Sin embargo, hablar claramente sobre cómo nuestra cultura debería lidiar con la pena te ayudará a sentirte menos desamparado. Valida la disonancia entre tu realidad y la realidad del resto del mundo.

Esa disparidad entre lo que el mundo exterior cree y lo que tú sabes que es verdad porque lo estás viviendo es uno de los aspectos más espinosos del sufrimiento.

Recuerdo mis primeros días de duelo tras el ahogamiento de mi pareja, empujándome a mí misma hacia el mundo exterior, despeinada, con ojeras, casi harapienta, semejante a cualquier indigente, balbuceando en vez de hablar. Intentando mantenerme en marcha. Haciendo cosas porque parecían razonables, porque el mundo lo esperaba, haciendo cosas cotidianas para quedar bien: ir al súper, pasear a los perros, quedar con amigas para comer. Contestando que sí con la cabeza a las personas que me paraban por la calle para decirme que las cosas volverían a ESTAR BIEN. Mordiéndome la lengua, siendo educada cuando el terapeuta me decía que estaba progresando por los estadios del dolor más rápido de lo que esperaba.

Y todo el tiempo sentía, dentro de mí, una enorme masa de dolor gritando, aullando, chillando, mientras miraba a esa persona completamente normal intentando ser razonable. Siendo educada. Como si pensara que todo ESTABA BIEN. Como si pensara que lo que estaba viviendo no era tan terrible. Como si pensara que el horror puede manejarse y controlarse mediante un comportamiento aceptable.

Podía ver errores en todas partes, porque todas esas personas razonables me hablaban de las etapas de dolor, de empujarme a través del duelo hacia una visión exaltada de «mejoría», leí todos los libros que recomendaban superar el dolor simplemente elevándome por encima de él. Sabía que todo eso era una mierda. Pero me etiquetaron como «resistente».

Lo que habría dado por ver mi antigua realidad reflejarse nuevamente en mí. El apoyo en el duelo es algo así como el nuevo traje del emperador el mundo relacional; aquellos que sufren saben muy bien que lo que pasa cuando te intentan ayudar es que no pasa nada; con el apoyo bien intencionado la gente continúa lanzando estímulos vacíos y consuelo inútil, sabiendo sobradamente que esas palabras no ayudan en absoluto. Todos lo sabemos y, sin embargo, nadie cambia de estrategia.

Es irrelevante hablar sobre la pena como si fuera una ejercicio intelectual, algo que sólo requiere de racionalización para elevarte y sacarte del sufrimiento. La inteligencia capaz de organizar palabras y dictar etapas o pasos o un comportamiento razonable es totalmente diferente al corazón que está recién desgarrado.

El dolor es visceral, no es razonable: el aullido en el centro de la pena es crudo y real. Es amor en su forma más salvaje. La primera parte de este libro explora nuestra renuncia cultural e histórica a sentir dicho salvajismo. Si bien no modificará en nada tu sensación de pérdida, tu experiencia personal frente a una visión más amplia puede ayudarte a cambiar las cosas de alguna manera.

La segunda parte de este libro trata sobre lo que realmente puedes hacer desde dentro de tu duelo no para mejorarlo, sino para ayudarte a soportar la vida que te ha tocado vivir. Que no puedas arreglar el dolor no significa que no puedas funcionar desde él. Cuando dejamos de centrarnos en evitar el sufrimiento y empezamos a atenderlo, se abre todo un mundo de apoyo. La validación y la discusión sincera de la realidad del duelo hace que las cosas se vean distintas, incluso sabiendo que no estamos «bien».

La parte 2 explora algunos de los aspectos más comunes, y menos discutidos, del duelo, incluidos los cambios mentales y físicos que acompañan a la pérdida severa. Existen ejercicios para ayudarte a manejar el estrés inevitable, mejorar su sueño, disminuir la ansiedad, lidiar con imágenes invasivas o reiterativas relacionadas con la pérdida y encontrar pequeñas islas de calma donde las cosas no son mejores, pero son más fáciles de controlar.

En la tercera parte, exploramos el apoyo, a menudo frustrante y ocasionalmente sorprendente, de amigos, familiares y conocidos. ¿Cómo es posible que personas inteligentes no tengan ni idea de cómo apoyarte tras una pérdida de tal calibre? Si bien no podemos culpar a la gente «bien intencionada», también es cierto que no es suficiente con tener buena intención. ¿Cómo puedes ayudar a aquellos que quieren ayudarte? Espero que la tercera parte de este libro te sirva para hacer justamente eso: enseñárselo a aquellos que realmente quieran ser de ayuda, y dejar que este libro los guíe en el camino. Hay listas de verificación, sugerencias y ensayos en primera persona para ayudar a tu gente a ser más hábil a la hora de enfrentarse a tu dolor. Y lo que es más importante, la tercera parte te ayudará a descubrir quién no puede estar ahí para ti, por la razón que sea, y cómo apartarlos de tu vida con un poco de delicadeza.

La última parte de la obra analiza las formas en que avanzamos después de una pérdida devastadora. Dado que una pérdida no es algo que pueda solucionarse, ¿cómo sería «vivir una buena vida», en tales circunstancias? ¿Cómo vivir aquí, en un mundo que ha cambiado por completo? Es un proceso complejo y farragoso: llevar amor dentro de ti, avanzar en lugar de «seguir adelante». La cuarta parte se sumerge en cómo encontrar verdaderos apoyos y buena compañía dentro de la pérdida, así como las formas en que el dolor y el amor se integran en la vida ya vivida junto a la pérdida.

Y ésa es la verdad sobre el duelo: la pérdida se integra, no se supera. Sin importar cuánto tarde, tu corazón y tu mente inventarán una nueva vida en medio de ese paisaje devastado. Poco a poco, el dolor y el amor encontrarán maneras de coexistir. No te sentirás mal por haber sobrevivido. Simplemente tendrás una vida creada por ti mismo: la vida más hermosa que puedas tener, dadas las circunstancias. Espero que este libro te ayude a encontrar el hilo de amor que aún existe, tirando de él en una vida que no pediste, pero que es real.

Lamento mucho que necesites este libro, pero me alegro de que estés aquí.

2

LA SEGUNDA PARTE
DE LA ORACIÓN

Por qué las palabras de consuelo
sientan tan mal

Es increíblemente difícil ver sufrir a alguien que quieres. Los que te quieren te dicen que eres lo bastante fuerte como para superarlo. Que te sentirás mejor algún día. Que no siempre será tan malo. Te alientan a mirar hacia un futuro más brillante, hacia el momento en el que no padezcas tanto sufrimiento.

La gente hace sugerencias sobre cómo salir más rápido del duelo. Te dicen lo que harían ellos si estuvieran en tu posición. Te hablan de sus propias pérdidas, como si cada duelo fuera exactamente el mismo. Como si encontrarte con alguien que haya pasado por lo mismo fuera a minimizar tu dolor.

Desde amigos cercanos a conocidos casuales, todos tienen su propia opinión sobre el duelo; todos quieren hacer lo mejor para ti, de la manera que sea.

Por supuesto que la gente quiere que te sientas mejor, es parte de ser humano: queremos aliviar el sufrimiento. Queremos ayudar. Queremos que nos ayuden. Queremos ofrecer lo que podamos. Pero en lugar de sentirse abrazadas y consoladas, muchas personas en duelo se sienten avergonzadas, rechazadas y desplazadas.

En lugar de sentirse eficaces y útiles, los que intentan ayudar acaban por sentirse mal recibidos, frustrados y poco apreciados.

Nadie consigue su propósito.

La mayor parte de esta sección del libro se centra en nuestros desorganizados modelos culturales entorno a la pena y el duelo, pero este capítulo tiene un carácter personal: es importante aceptar lo disparatadas que pueden resultar los comentarios de otras personas sobre tu pérdida. Es lícito preguntarse si la gente se ha vuelto loca o si está siendo «demasiado sensible», añadiendo un grado más de estrés. La validación y el reconocimiento son importantes; realmente no hay mucho consuelo en las palabras de la gente que pretende ayudar.

SI SUS PALABRAS ESTÁN BIEN, ¿POR QUÉ ME CABREAN TANTO?

El padre de una amiga muy querida falleció durante la redacción de este libro. Ella me envió un mensaje de texto una semana después de su muerte: «La gente me envía tarjetas de condolencia la mar de dulces. ¿Por qué me cabrean tanto? Los odio, a ellos y a sus estúpidas cartas. Incluso las mejores palabras me sientan como una patada».

El dolor intenso es una imposibilidad: no puedes «estar mejor». Las palabras de pretendido consuelo sólo irritan. La «ayuda» de otras personas resulta intrusiva. Los intentos de conexión y comprensión parecen desorientados o groseros. Todo el mundo tiene una opinión sobre cómo deberíamos estar de duelo y cómo se puede mejorar. Los consejos sobre cómo pasar el mal trago y volverse «aún más fuerte» y las recomendaciones para «recordar los buenos tiempos» sientan como una bofetada.

¿Por qué las palabras de consuelo sientan tan horriblemente mal?

Antes de que mi compañero muriera, estaba leyendo *Hay una solución espiritual para cada problema,* del doctor Wayne Dyer. Es un gran libro. Cuando intenté seguir la lectura después de la muerte de Matt, no pude volver a hacerlo. Simplemente me hacía sentirme mal, como si hubiera una rebaba dentro de sus palabras que me arañaba incómodamente. Yo quería encontrar consuelo en las palabras de ánimo que antes me aliviaban, pero en estas circunstancias no me servían.

Dejé el libro. Lo recuperé al cabo de un tiempo. La rebaba me seguía raspando y las palabras no me encajaban, y volví a abandonar el libro.

Varias semanas más tarde mis ojos captaron el título del libro sobre la mesa de café: hay una solución espiritual para cada problema.

Cada *problema.*

De repente, parecía tener sentido. De hecho, puede haber una solución espiritual para cada problema, no digo que no, lo que pasa es que la pena no es un problema que deba resolverse. No es «incorrecta» y no puede «arreglarse». No es una enfermedad que curar.

Suponemos que si algo es incómodo, significa que está mal. La gente concluye que el duelo es «malo» porque duele. Oímos hablar sobre aliviar el dolor, salir del dolor, soñar con un momento en el que no haya dolor. Nos comportamos como si el dolor fuera algo de lo que pudiéramos salir lo más pronto posible, una aberración que necesita curación, en lugar de una respuesta natural a la pérdida.

La mayoría de las personas considera el duelo como un problema a resolver. Tus amigos y familiares te ven sufrir y quieren aliviar tu dolor. Tanto si dicho objetivo se establece claramente como si no, es la razón por la cual las palabras de consuelo normalmente no sirven de nada. Intencionadamente o no, al tratar de resolver tu dolor no te brindan el apoyo que realmente necesitas.

Como le dije a mi amiga, esas tarjetas de condolencias resultan ofensivas porque, en su raíz, están tratando de eliminar el dolor. Se saltan la verdadera realidad de la situación: esto duele. Aunque no sea su intención, la gente hace que el dolor se sienta con mayor agudeza cuando intentan arreglarlo, pasarlo por alto o hacer que desaparezca. Da lo mismo si las condolencias se presenten en persona o en esas horribles tarjetas; este capítulo repasa algunas de las formas en que las mejores intenciones pueden acabar siendo contraproducentes.

¡EH, YO TAMBIÉN!

Cuando se enteran de tu pérdida, muchas personas intentarán identificarse con sus propias historias de duelo. La cosa va desde la comparación: «Mi marido murió también» (que igual se acerca, pero no llega porque cada cual lo vive a su manera) hasta el desafortunado «Mi pez dorado murió cuando yo tenía ocho años, así que sé cómo te sientes».

Compartimos historias de pérdidas para comunicar al afectado que entendemos en qué punto se encuentra: «Oye, mira, yo ya he hecho este camino. Entiendo cómo te sientes».

Compartir historias de pérdidas es un intento de hacerte sentir menos solo dentro de tu duelo. Sin embargo, no nos lo tomamos de esa manera. Comparar una pena con otra casi siempre es un error. Una experiencia de pérdida no se traduce en otra. El dolor es tan individual como el amor. Que alguien haya experimentado una pérdida, incluso una similar a la tuya, no significa que haya sentido lo mismo.

Cuando alguien relata su propia historia de pérdida, espera eliminar algo de dolor, ciertamente. Pero eso no es todo. Cada cual arrastra su propia cruz, desde las pérdidas cotidianas hasta las más severas, esas que alteran la vida. Dado que no hablamos sobre la pena en nuestra cultura, todos tenemos retrasos personales y globales en el tema del duelo. Cuando te haces visible a partir de tu dolor, es como si se abriera un portal, una puerta hacia la aceptación. Cuando empiezas a hablar de la pérdida, es como si de pronto tuviéramos permiso para hacerlo, y pensamos: «¡Uf, menos mal que por fin podemos hablar de dolor. Déjame que te cuente sobre lo que yo he sufrido!».

Todos queremos hablar sobre nuestro dolor. Todos llevamos historias que necesitan reconocimiento. Pero ¿tiene que ser ahora mismo? ¿En este momento, cuando sientes un dolor insoportable? ¿Cuando tu pérdida es nueva y poderosa? Pues no, no es momento para debates sobre las pérdidas que todos acarreamos.

La comparación entre tu propia la pena y las historias de pena compartida no consuelan. Claro que no.

Hasta puede que sientas que tu propia pérdida se ve eclipsada por la necesidad tu interlocutor de contar su propia historia, con todo el protagonismo, sin importar cuánto tiempo hace de lo suyo o lo irrelevante que es para ti esa historia.

Hablar de su propio dolor es la manera mediante la cual tu interlocutor intenta cambiar tu foco de atención, para distraerte del dolor. No lo hace para satisfacer sus propias necesidades. Parece nefasto, pero es una de las formas sutiles en que nuestra deficiente cultura del duelo impacta en el proceso real.

Hay un momento y un lugar para discutir historias compartidas de pérdidas. Cuando tu mundo acaba de implosionar no es el momento adecuado para compartir nada. Te sientes «agredido» por las historias de aflicción de otras personas porque te han quitado algo: la importancia central de *tu* realidad actual.

LA COMPETENCIA POR EL DUELO

Compartir el dolor como forma de conexión con el sufrimiento del prójimo casi siempre se convierte en una competencia por duelo: las Olimpiadas del Dolor. ¿Qué dolor es peor, el tuyo o el mío? ¿Quién lo ha pasado peor?

Como se te ocurra decirle a alguien que su experiencia no es la misma que la tuya, verás que se ponen a la defensiva inmediatamente. Le habrás herido. Estará ofendido. Si respondes a la historia de tu interlocutor con un: «No son historias comparables», te dirán: «Tu dolor no es tan malo como el mío». Interpretarán que su dolor no fue lo suficientemente severo. Sienten esa distinción como un insulto a su duelo, un rechazo a su sufrimiento.

Así, lo que comenzó como un intento de conectar se acaba convirtiendo en una discusión sobre quién sufre más.

Necesitamos hablar sobre la jerarquía del sufrimiento. La gente dice que ningún dolor es peor que otro. No creo que sea cierto. Creo que *hay* una jerarquía de dolor. No es lo mismo un divorcio que la muerte de la pareja. La muerte de un abuelo no es lo mismo que la muerte de un hijo. Perder el trabajo no es lo mismo que perder un brazo.

Ahí está la cosa: cada pérdida tiene su valor. Y cada pérdida es distinta. No puedes aplastar el paisaje de dolor para decir que todo es igual. No lo es.

Es más fácil de entender cuando lo sacamos del terreno estrictamente personal: romperse un pie duele. Duele totalmente. Por momentos el dolor puede ser agotador. Incluso puedes cojear una temporada. Que te chafe el pie un tren de carga que te pasa por encima duele también. Pero de otro modo. El dolor dura más. La lesión necesita más tiempo de recuperación, el futuro del pie será incierto, quizá se cure o quizá lo amputen. Afecta e impacta seriamente tu vida futura. Si pierdes el pie no podrás volver a la vida que tenías antes de convertirte en una persona lisiada. A nadie se le ocurriría decir que estas dos lesiones son exactamente las mismas.

Un dedo del pie roto duele, y se lo honra y escucha sin que lo descarten como un gran problema. Un pie amputado es diferente. Es honrado y escuchado sin ser despedido. Que todo el dolor sea válido no significa que todo el dolor sea igual. Los corazones desgarrados son difíciles porque todos son diferentes, incluso sin que cambien tu mundo tal como lo conoces. Las pérdidas aleatorias, fuera del orden natural, esas que alteran la vida, tienen un eco que repercute de manera diferente. Ni mejor ni peor, simplemente no es lo mismo.

Hay que tener mucho cuidado de no minimizar el dolor de nadie. Todos merecemos ser escuchados en nuestro sufrimiento, sin importar lo que nos parezca en relación a nosotros mismos. Paralelamente, no podemos asignar el mismo peso a todas las pérdidas y pretender apoyar adecuadamente a alguien que sufre. No hacer distinción entre los niveles de pena no respalda al duelo.

También es cierto que pasado cierto punto, las comparaciones se vuelven inútiles. ¿Es peor perder un hijo o perder un marido? ¿Muerte súbita o larga enfermedad? ¿Suicidio o asesinato? Los bebés mueren. Los niños tienen cáncer. Los amantes se ahogan. Los terremotos abren la tierra aparentemente sólida y miles de personas desaparecen. Las bombas explotan en lugares aleatorios. El universo aparentemente ordenado se abre en un gran abismo y la realidad ya no parece tener sentido. Las distinciones entre pérdidas como éstas no importan, porque no son útiles.

Lo que sí merece la pena es honrar todo sufrimiento. Honremos todas las pérdidas, pequeñas y grandes. Ya representen un cambio de vida o un cambio de momento. Jamás comparemos los duelos. ¡Mal de muchos, consuelo de tontos!

Defender la singularidad de tu propia pérdida frente a las comparaciones de la gente no te ayudará a sentirte mejor. Señalar los diversos grados de magnitud de una pérdida no ayuda a nadie.

Cuando alguien trata de aliviar su dolor compartiendo su historia de sufrimiento, ten en cuenta que están tratando de conectarse y relacionarse contigo, de solidarizarse. Ten en cuenta que hay una razón por la que te parece tan mal: en realidad no consiguen conectar contigo. Sin querer están desviando tu atención hacia sus propias historias de dolor, para que descanses un momento de tu sufrimiento. Tu realidad se borra por unos minutos, que es exactamente lo contrario de lo que deberían hacer, pero no lo saben.

Luego es posible que establezcan la nefasta dicotomía «mi dolor es peor que el tuyo» y te parezca un comportamiento inaudito y te sientas minimizado.

Todas las comparaciones son odiosas.

LA SEGUNDA MITAD DE LA ORACIÓN

Incluso sin comparaciones, las palabras de consuelo de la gente pueden sentar terriblemente mal.

Todos hemos estado en el lado cómodo de la ecuación, soltando palabras destinadas a calmar a alguien afligido, sintiéndonos impotentes, torpes y ridículos, y algunos hemos estado en el lado incómodo, siendo receptores de las palabras de otra persona, sintiéndonos minimizados en lugar de consolado. ¿Por qué nuestras intenciones no son válidas? ¿Por qué, incluso cuando sabes que tienen buenas intenciones, las palabras los demás irritan y molestan?

Pasando por alto algunas de las cosas más atroces y ridículamente hirientes que la gente me ha dicho (por ahora), aquí pongo una breve lista de algunas de las cosas que personas en duelo han tenido que escuchar de los que intentaban ofrecerles consuelo y apoyo:

Al menos disfrutaste de ellos el tiempo que los tuviste vivos.

Siempre puedes tener otro hijo/encontrar otro compañero.

¡Ahora está en un lugar mejor!

Piensa que ahora sabes lo que es realmente importante en la vida.

Esto te hará mejor persona.

No siempre vas a estar así de mal.

Eres más fuerte de lo que piensas.

Esto es parte del plan.

Todo sucede por una razón.

Decir algo como «A él no le gustaría verte así de triste» o «Al menos disfrutaste de él mientras estuvo vivo» puede parecer un consuelo, pero no lo es. El problema es que hay una segunda mitad implícita en la oración. Esa segunda mitad de la oración desestima o disminuye involuntariamente tu dolor (... así que no te quejes); borra lo que es verdad ahora en favor de una experiencia alternativa. Esa mitad fantasmagórica de la frase te está diciendo que no está bien sentirte como te sientes.

INTENTA ESTO

LA SEGUNDA PARTE DE LA ORACIÓN

Para cada una de las siguientes frases de consuelo, tan familiares, añade la segunda parte de la oración: «Así que no te quejes tanto».

Al menos disfrutaste de ella mientras estuvo viva... (así que no te quejes tanto).

Murió haciendo lo que más le gustaba... (así que no te quejes tanto).

Siempre puedes tener otro hijo... (así que no te quejes tanto).

Si te enfadas mucho cuando tus amigos y familiares intentan consolarte es porque crees saber la segunda parte de la oración, incluso cuando no la dicen en voz alta. La parte final siempre está ahí, gritando en su propio silencio: «No te quejes tanto».

Los amigos y la familia quieren que te sientas mejor. Quieren aliviarte en tu dolor. Lo que no entienden es que, al tratar de consolarte, en realidad están minimizando el alcance de tu sufrimiento. No están viendo tu realidad como tú la vives. Ellos no te ven realmente.

Las palabras de consuelo para intentar aliviar el dolor no son cómodas. Cuando eres tú el que tratas de consolar a alguien, no lo haces mejor que los demás. También acabas por darles a entender que no está bien hablar sobre su dolor.

Para sentirse verdaderamente consolado por alguien, uno necesita sentirse escuchado en su propio sufrimiento. Necesita que la realidad de la pérdida se refleje en ti, sin disminuirla, sin diluirla. Parece contradictorio, pero el verdadero consuelo en el duelo consiste en reconocer el dolor, no en intentar que desaparezca.

TODO SUCEDE POR UNA RAZÓN

Los humanos somos criaturas divertidas. Somos rápidos con la «comodidad», el juicio y el significado, siempre y cuando se trate de las pérdidas de los demás. ¿Cuántas veces has escuchado «Todo sucede por una razón» estando de duelo? Esas mismas personas serían las primeras en refutar dicha afirmación si les sucediera algo horrible a ellas. Usamos palabras para los demás que nunca aceptaríamos para nosotros mismos.

Frases como «Todo sucede por una razón» y «Te convertirás en una persona más fuerte/más amable/más compasiva gracias a esto» desencadenan la ira de las personas afligidas. Nada hace que se enfaden más que cuando saben que están siendo insultados de algún modo, aunque no sepan cómo.

Querer borrar tu dolor no es lo que hace que las palabras de consuelo aterricen tan mal. Es el subcontexto oculto en dichas declaraciones acerca de ser mejor, más amable y más bueno gracias a la pérdida, esa frase que se usa tan a menudo sobre saber qué es «realmente importante en la vida» ahora que te has enterado de lo rápido que las cosas pueden cambiar.

La segunda mitad tácita de la oración, en este caso, viene a decir que *necesitabas* este palo de alguna manera. Dice que no eras consciente de lo que realmente es importante en la vida antes de que esto te pasara. Dice que no fuiste lo bastante amable, compasivo ni suficientemente consciente en tu vida anterior. Que necesitabas esta experiencia para desarrollarte o crecer, que necesitabas esta lección para encontrar tu «verdadero camino» en la vida.

Como si la pérdida y las dificultades fueran las únicas formas de crecer como ser humano. Como si el dolor fuera la única puerta a una vida mejor y más profunda, la única manera de ser verdaderamente compasivo y amable.

Declaraciones así dicen que antes no fuiste lo suficientemente bueno. Que, en definitiva, necesitabas esa marea de sufrimiento.

Está implícito, pero tu interlocutor lo negaría si lo señalaras. Pero esas palabras fantasma están ahí. Y tienen mucha importancia.

Si fuera cierto que la pérdida intensa es la única manera de hacer que una persona sea más compasiva, sólo las personas superficiales, desconectadas y poco profundas experimentarían dolor. Eso tendría sentido. ¿O no? Bueno, es mi punto de vista. No necesitabas esta experiencia para crecer. No necesitabas la lección que supuestamente sólo el dolor puede enseñar. Ya eras un ser humano bueno y decente, viviendo tu vida lo mejor posible en este mundo.

El aprendizaje nos llega de mil maneras diferentes. El dolor y la pérdida son un camino hacia la profundidad y la conexión, pero no son el único camino. En un ensayo sobre el crecimiento postraumático, un terapeuta de veteranos de guerra afirmó que las personas que miran hacia atrás y entienden sus pérdidas devastadoras como una experiencia de crecimiento son las que se sentían más insatisfechas y desconectadas en sus vidas personales antes de la desgracia. No se sienten agradecidos por lo que sucedió, pero contemplan su propio desarrollo a la sombra de su pérdida. Pero ¿qué pasa con aquéllos cuyas vidas eran plenas y profundas antes de la pérdida? El investigador admite que estos participantes no experimentaron ningún aumento en su crecimiento porque no hubo grandes cambios repentinos. No hay ningún consuelo en «convertirte en una persona mejor» cuando ya eras feliz con el tipo de persona que eras.

El dolor no es un programa de iluminación instantánea para unos cuantos elegidos. Nadie necesita una pérdida intensa y transformadora para convertirse en lo que «se supone» que es. El universo no es causal en este sentido: necesitas convertirte en algo y la vida te brinda una experiencia horrible para que se produzca el cambio. Por el contrario, la vida es llamada y respuesta al mismo tiempo. Las cosas suceden y las absorbemos y nos adaptamos. Respondemos a lo que experimentamos y eso no es ni bueno ni malo. Simplemente es. El camino a seguir es la integración, no la mejora.

Esto no lo *necesitabas*. No tienes que crecer con este tipo de experiencias y no tienes que dejarlas atrás. Ambas respuestas son demasiado obtusas y vergonzosas para ser útiles. Los eventos que cambian la vida no desaparecen silenciosamente ni son expiaciones de errores pasados. Nos cambian. Son parte de nuestra esencia mientras vivimos mirando hacia adelante. Lo que construyas sobre la pérdida puede ser crecimiento, claro. Puede que surja en ti una mayor tendencia hacia más belleza, al amor, a la integridad. Pero se deberá a tus propias elecciones, a tu propia alineación con quién eres y con quién quieres ser. No a que la desgracia sea un billete para convertirse en mejor persona.

Si eliges encontrar un significado o un motivo de crecimiento en la pérdida, será un acto de soberanía personal y autoconocimiento. Cuando alguien más le atribuye crecimiento o significado a tu pérdida, disminuye tu poder, te hunde en la vergüenza o en un juicio sutil sobre quién eras antes, y te dice que de alguna manera lo estabas necesitando. El cabreo no es de extrañar.

Las palabras de consuelo que implican que necesitabas de la desgracia, que necesitabas lo que sea que te haya sucedido para desgarrar tu mundo, nunca pueden ser un consuelo. Son mentiras. Y las mentiras nunca sientan bien.

AUTOEXAMEN Y VERIFICACIÓN DE LA REALIDAD

Hay tanta corrección dentro del sufrimiento que cuesta entender que tenga alguna utilidad. De momento conviene saber que la mayoría de las palabras que se ofrecen como «apoyo» en nuestra cultura están diseñadas para resolver problemas o para sacarnos del duelo. Aunque te parezca feo, así es. El dolor no es un problema que deba resolverse; es una experiencia para sobrellevar. La cuestión radica en encontrar, y recibir, apoyo y comodidad suficiente para ayudarte a vivir en tu nueva realidad. Compañerismo, no corrección, es el camino a seguir.

Los siguientes capítulos exploran con mayor profundidad las raíces de la incapacidad de nuestra cultura occidental para apoyar durante el duelo. Si bien los estudios culturales pueden parecer poco relevantes a nivel personal, entender el alcance del problema puede ayudarnos a sentirnos menos locos, menos solos y a encontrar el camino dentro de la pérdida.

3

NO ERES TÚ, SOMOS NOSOTROS

Nuestros modelos de duelo ya no sirven

Cuando alguien que amas acaba de morir, ¿qué importancia tiene que nuestros modelos culturales de duelo no sirvan? Es decir, ¿a quién le importa? Porque se trata de ti, no de los demás. Salvo que, especialmente en el duelo temprano, la gente opina que lo estás haciendo mal. El reflejo que obtienes del mundo exterior puede hacerte pensar que por encima de todo te has vuelto loco. Los comentarios y trivialidades de la gente pueden hacerte sentir abandonado dentro de tu duelo, justo en el momento en que más necesitas saber que eres aceptado.

Tu experiencia personal se ve afectada, en lo más íntimo, por el tremendo alcance del analfabetismo general en cuanto al duelo. Entender que el analfabetismo cultural campa a sus anchas puede ayudarnos a normalizar un período completamente anormal.

No estás loco. Nuestra cultura es una locura. No eres tú; somos nosotros.

> Reexamina todo lo que te han dicho en la escuela o en la iglesia o en cualquier libro, y desecha todo lo que insulte a tu alma.
>
> WALT WHITMAN, *Leaves of Grass*

PATOLOGÍA DEL EFECTO GOTEO

Como colectivo, usamos una enorme cantidad de vendas en los ojos para ocultar la realidad cuando se trata del sufrimiento. Los programas de capacitación en psicología clínica dedican muy poco tiempo al tema, a pesar de que la mayoría de los clientes acudirán a nosotros por culpa de un inmenso dolor. Lo que se enseña es un sistema de etapas, desactualizado por completo, que no tiene la intención de presentar formas correctas de sufrir. Lo que se enseña a los médicos llega a la población en general.

Como cultura, nuestros puntos de vista sobre el dolor son totalmente negativos. El dolor se ve como una aberración, un desvío de la vida «normal» y feliz. En medicina lo llaman «desorden». Creemos que el duelo es una respuesta a corto plazo ante una situación difícil y, como tal, debe solucionarse en pocas semanas. El dolor que no ha desaparecido en ese corto lapso de tiempo debería convertirse en buenos recuerdos y una sonrisa nostálgica ocasional. De no ser así, se pone de manifiesto que algo se ha hecho mal, o que no eres tan resistente, hábil ni mentalmente saludable como creías que eras.

Tristeza, pena, dolor, todos esos términos implican que algo funciona mal. Estás atrapado en las denominadas «emociones oscuras». No estás siguiendo las etapas del duelo. Estás bloqueando tu propia recuperación con tu comportamiento sombrío. Tienes una patología y debes eliminarla.

Cuando se habla de duelo en términos más positivos, siempre se recurre a entenderlo como un medio para llegar a lograr un fin. La psicología popular, los libros de autoayuda, las películas y los textos espirituales glorifican el dolor y la pérdida como una forma de crecimiento espiritual; trascender la pérdida es el gran objetivo. La felicidad, por el contrario, es considerada la verdadera marca del bienestar. La salud y la cordura dependen de tu capacidad para elevarte por encima del dolor, para reclamar ecuanimidad, para encontrar el equilibrio interno.

Tu corazón roto no tiene muchas posibilidades frente a todo este rollo. No hay lugar para que el dolor *exista* por sí solo, sin patología asociada.

LA NARRATIVA ANTISUFRIMIENTO Y LAS TONTERÍAS QUE HAY QUE OÍR

En mis primeros días de luto, escuché cosas inimaginables sobre mi dolor, sobre mis habilidades para lidiar con el sufrimiento y sobre Matt mismo. Me dijeron que no era una buena feminista si tanto me dolía «perder un hombre». Me dijeron que mi desarrollo personal y espiritual no debería haber sido tan bueno como yo creía y por eso el destino me había preparado este «regalo». También tuve que oír que Matt nunca me quiso realmente, que se sentía más feliz liberado de su cuerpo material, que se horrorizaría si viera lo mal que yo estaba. Me dijeron que Matt y yo creamos la situación, con nuestras intenciones. Que teníamos un contrato en esta vida. Estuvimos de acuerdo con dicho contrato y, como habíamos estado de acuerdo, no había razón para estar triste.

También escuché cosas aparentemente maravillosas, que era fuerte, inteligente y hermosa, que encontraría un nuevo novio de inmediato. Que cambiaría esta pérdida y la convertiría en un don, que debería pensar en todas las personas a las que podría ayudar. Que si dejara de estar tan triste, sentiría su amor a mi alrededor (pero sólo si dejara de estar tan triste). Me decían cualquier cosa para sacarme de mi dolor, de mi tristeza, y volver a una forma de ser más aceptable.

Sin embargo, lo que yo tuve que oír no es nada en comparación con las historias que he escuchado de personas afligidas, por ejemplo: tú causaste el cáncer de tu bebé con tus problemas personales no solventados. Tienes otros dos hijos, así que deberías estar agradecido de que sigan vivos. Habría vivido si su existencia hubiese sido necesaria. Es el plan de Dios. Tienes que superarlo y seguir adelante. No compares tu perro con una persona, no hay para tanto. Una persona iluminada no está apegada a los demás en esta vida. Es que eres claramente dependiente. Debes de haber atraído esta experiencia a ti con tus pensamientos negativos. Esto lo necesitabas para tu propio aprendizaje. ¿Pero qué pasa cuando estás paralizado? Algunas personas nunca tienen la oportunidad de ver de qué están hechas en realidad, y tú sí.

El juicio, la crítica y los comentarios desdeñosos son la norma cuando se está sumido en un profundo dolor, no son la excepción. Está claro que la mayoría de gente tiene «buenas intenciones», pero la diferencia entre sus intenciones y el impacto real de sus palabras es gigantesco.

La cuestión es que la gente cree que el objetivo principal es salir del sufrimiento lo más rápido posible, a toda costa. Como si el dolor fuera una cosa extraña, una respuesta incorrecta a algo que te ha arrancado lo que más querías. El dolor se expresa a través de una estrecha ventana. Después de eso, se espera que regreses a la normalidad, llevando contigo los regalos que has aprendido de la experiencia. Se supone que debes ser más sabio, más compasivo y comprender verdaderamente lo que es importante en la vida. Permanecer triste significa estar haciendo las cosas mal.

Nuestras ideas están tan profundamente arraigadas que puede ser difícil describir cómo te sientes estando en el extremo receptor de lo que se considera apoyo para el duelo. Entraremos en esto más profundamente en la parte 3, pero es importante establecer desde ahora mismo que la mayoría de la gente simplemente deja repetir lo incomprendido que se siente porque parece que nadie quiere escucharlo. Dejamos de decir «esto duele» porque nadie escucha.

ATRAPADO EN EL DOLOR

A menudo me preguntan qué hacer cuando un amigo o familiar parece estar «atrapado» en su dolor. Mi respuesta es siempre la misma:

«¿Qué aspecto tendría si no pareciera sufrir? ¿Cuáles serían sus expectativas?». Para la mayoría de la gente, «no estar atascado» significa que la persona ha vuelto al trabajo, ha recuperado su sentido del humor, asiste a eventos sociales, no llora todos los días y puede hablar sobre cosas que no sean su pérdida o su dolor. Tienen que parecer «felices de nuevo».

Y creemos que «feliz» equivale a «sano». Como si la felicidad fuera la línea de base, la norma a la que todas las cosas se amoldan, cuando estamos viviendo como deberíamos hacerlo.

En resumen, «volver a la normalidad» es lo contrario a «estar atascado» y volver a la normalidad (ser feliz) lo más rápidamente posible.

¿CUÁNTO TIEMPO ES DEMASIADO TIEMPO?

Recuerdo haberle dicho a alguien que estaba teniendo un día difícil unas cinco semanas después de que mi compañero se ahogara. «¿Por qué? ¿Qué te pasa?» me preguntó. «Qué va a pasar, que Matt murió», respondí. «¿Aún sigues con eso? ¿Sigues pensando en eso?».

Todavía. Sí. Cinco días, cinco semanas o cinco años. Una de las mejores cosas que me dijeron en los meses posteriores a la muerte de Matt fue que, con una pérdida de esta magnitud, «simplemente ha pasado» podría significar tanto ocho días como ochenta años. Cuando hablo con alguien que está en los dos primeros años de su pérdida, siempre le digo: «Esto acaba de pasar. Fue hace solo un rato. ¡Claro que todavía duele!». Su alivio es palpable de inmediato.

Tenemos profundamente arraigado en nosotros que cualquier tipo de dificultad no debería durar más de un par de meses, como máximo. Cualquier cosa más larga se considera simulación o patología. Como si la pérdida de alguien a quien amas fuera un mero inconveniente temporal, algo menor, y seguramente no merezca tanto drama.

Nuestro modelo médico llama «trastorno» a la aflicción que dura más de seis meses. Las descripciones de la llamada complicación de la pena –la que requiere intervención psicológica– incluyen el anhelo por la persona que murió, la sensación de injusticia y la sensación general de que el mundo no volverá a ser lo que era (y otras formas de desesperanza). En la experiencia de la vida real, esa línea de expectativa temporal es en realidad mucho más corta. Muchos médicos, clérigos y terapeutas creen que estar profundamente afectado por la pérdida después de las primeras semanas es una respuesta incorrecta. Lo que el modelo médico cree se traslada a la población en general, perpetúa la idea de que se debe volver a la normalidad lo antes posible.

Medicalizar –y convertir en patología– lo que es una respuesta sana y natural a un pérdida es absolutamente ridículo y no le hace bien a nadie.

LAS ETAPAS DEL DUELO Y POR QUÉ FALLAN LOS TERAPEUTAS

Como terapeuta, a menudo pido disculpas por mi profesión. Con alarmante frecuencia oigo historias de terror de personas afligidas que han ido a ver a terapeutas buscando apoyo, para acabar más destrozadas y angustiadas. Las personas ejercitan las llamadas «profesiones de ayuda» suelen desestimar, juzgar, meditar y minimizar el duelo.

Sin importar su teórica orientación terapéutica, o su intención de ayudar, los médicos suelen ser las personas menos capacitadas para ayudar. Muchas personas dolientes acaban educando a sus terapeutas sobre la realidad del duelo.

Como ya he apuntado, a nuestros profesionales les enseñan las cinco etapas del modelo de duelo propuesto por la doctora Elisabeth Kübler-Ross en su libro *On Death and Dying*, publicado en 1969. Incluso si las cinco etapas no se mencionan explícitamente, son la base de gran parte de lo que consejeros y médicos consideran la única forma «saludable» de lamentarse. No es de extrañar que tanta gente afligida haya renunciado a obtener apoyo profesional: las etapas no encajan, así de simple.

Esas etapas de duelo fueron desarrolladas por Kübler-Ross mientras escuchaba y observaba a las personas que vivían con diagnósticos terminales. Lo que comenzó como una forma de entender las emociones de los moribundos se convirtió en una forma de crear estrategias para enfrentarse al dolor. Se espera que el doliente avance a través de una serie de etapas claramente definidas: negación, enojo, negociación y depresión, llegando finalmente a la «aceptación», momento en el cual el «trabajo del duelo» está completo.

Esta interpretación generalizada del modelo por etapas sugiere que hay una manera correcta y una manera incorrecta de sufrir, que hay un patrón ordenado y predecible que todo el mundo debe seguir. Tienes moverte por esas etapas en todo momento o nunca sanarás.

Salir de la pena es el objetivo. Tienes que hacerlo correctamente y además tienes que hacerlo rápido. Si no progresas correctamente, estás *fallando en tu manera de manejar el dolor*.

En sus últimos años, Kübler-Ross escribió que lamentaba haber planteado las etapas de la manera en que lo hizo, se equivocó al considerar a las personas lineales y universales. Las etapas del sufrimiento no estaban destinadas a decirle a nadie cómo sentirse y cuándo deberían sentir exactamente. No estaban destinadas a dictar si estás sufriendo «correctamente» o no.

Sus etapas, tanto si se aplican a moribundos o a los vivos que perdieron a alguien, tenían la intención de normalizar y validar lo que cualquiera *puede* experimentar en el torbellino de emociones que es la pérdida, la muerte y el dolor. Estaban destinados a dar consuelo, no a crear una jaula.

La muerte y sus consecuencias son momentos sumamente dolorosos y desconcertantes. Entiendo por qué las personas, tanto las afligidas como la gente que las rodean, ya sean personales o profesionales, necesitan algún tipo de hoja de ruta, un conjunto de etapas establecidas que garanticen un final exitoso tras el período de duelo.

Pero no se puede forzar un orden en el dolor. No puedes hacer que el dolor sea pautado y predecible. El dolor es tan individual como el amor: cada vida, cada camino, es único. No hay un patrón ni una progresión lineal. A pesar de lo que muchos «expertos» creen, no hay etapas de duelo.

A pesar de lo que la población en general cree, no hay etapas para el duelo.

Llevar bien el sufrimiento depende únicamente de la experiencia individual. Significa escuchar tu propia realidad. Significa reconocer la pena, el amor y la pérdida. Significa permitir que la realidad de estos temas exista sin ataduras artificiales ni etapas ni requisitos.

Es posible que experimentemos muchas de las cosas que experimentan otras personas tristes, y saberlo puede ayudar. Pero comparar una forma de vivir la pérdida con otra, como si tuviéramos que aprobar exámenes, eso no sirve de nada y nunca va a ayudarnos.

Hasta que las profesiones de la salud sepan enfrentarse a la muerte con el respeto y la atención que se merece, será difícil encontrar terapeutas dispuestos a entender el dolor tal cual es, sin convertirlo en una patología.

Por eso, en nombre de mi profesión, lamento que resulte tan difícil. De hecho, hay muchos terapeutas y médicos estupendamente capacitados. Los conocí por mi cuenta al principio de mi propio duelo, y seguí conociendo a muchos de ellos a causa de mi trabajo. Si has buscado soporte profesional y te has sentido decepcionado, sigue buscando. Hay gente buena ahí afuera. (Y consulta la sección de recursos en la parte final del libro para obtener información nacional y regional. Es una forma excelente de empezar).

«De acuerdo con algunos criterios de diagnóstico clínico, sufro depresión de moderada a severa y mis niveles de ansiedad son altos. Mi terapeuta sugiere antidepresivos y alguna terapia cognitiva conductual *online*. Me siento peor que cuando entré. Ya no estoy sólo de duelo. Ahora estoy mentalmente enferma. Alguien, en alguna oficina central del NHS, ha creado una prueba descargable que lo dice. Debe ser cierto: estoy fallando con mi dolor. Trato de no dejar que me afecte, pero me pregunto si debería haber terminado con todo esto. Después de todo, ya he pasado el hito de los seis meses».

BEVERLY WARD, estudiante de Writing Your Grief,
sobre la muerte de su compañero

MARIPOSAS, ARCOÍRIS Y LA CULTURA DE TRANSFORMACIÓN

Mucho se destina a la creación de una cultura tan analfabeta sobre el duelo. Hay mucho detrás de todas esas simulaciones simplistas e inofensivas. Ya hemos hablado sobre los mensajes orientados a solucionar el dolor por boca de la mayoría de las personas en función de lo que piensan sobre el duelo, pero las raíces de nuestra cultura antiaflicción son más profundas. El efecto de goteo de las etapas de este modelo de duelo es sólo el comienzo.

Cualquier búsqueda rápida de los términos «duelo» o «dificultad» acaba en cientos de miles de memes portadores del arcoíris, actitud positiva, etc. Reconocemos que las cosas malas pasan, eso está claro, pero con trabajo duro y una actitud correcta, todo acaba saliendo bien. Después de todo, nuestras películas y libros sobre el dolor siempre nos enseñan que el viudo, o la afligida madre, acaba estando incluso mejor que antes. Si a veces las cosas parecen un poco tristes, no pasa nada porque el protagonista se entera de lo que es realmente importante. Ese afligido padre convirtió en algo hermoso la muerte de su hijo, y piensa: «Si no llega a ser por esto, no hubiese aprendido tal cosa». Ese terrible accidente cercano a la muerte no acabó tan mal, de hecho, acercó a toda la familia. Las cosas siempre salen mejor.

Parte de nuestra extraña relación cultural con el dolor proviene de una fuente aparentemente inocente: el entretenimiento.

Todas nuestras historias culturales son historias de transformación. Son historias de redención. Libros, películas, documentales, cuentos infantiles, incluso los cuentos que nos contamos a nosotros mismos, todos terminan con una nota positiva. Exigimos un final feliz. Si no hay uno, bueno, la culpa es del protagonista. Nadie quiere leer un libro donde el personaje principal sigue sufriendo al final.

Creemos en los cuentos de hadas y las historias de Cenicienta, historias donde, a través del esfuerzo y la perseverancia, las cosas acaban saliendo bien. Nos levantamos para encararnos la adversidad, siempre de frente. No permitimos que nuestros problemas nos depriman o al menos no dejamos que nos aflijan indefinidamente. Nuestros héroes, ya sean reales o ficticios, son modelos de valentía y coraje ante el dolor. Los villanos, los personajes decepcionantes, son los demasiado tercos para cambiar su dolor.

La nuestra es una cultura de superación. Suceden cosas malas, pero salimos mejor que estábamos. Ésas son las historias que contamos. Y no sólo en la pantalla.

El sociólogo Brené Brown sostiene que vivimos en «una edad dorada de fracaso», donde convertimos en fetiches historias de superación para conseguir un final redentor, pasando por alto la oscuridad y la lucha que lo precede.[1]

Tenemos una narrativa cultural que afirma que las cosas malas pasan con el fin de ayudarnos a crecer, y no importa lo sombrío que parezca porque el resultado final siempre vale la pena. Llegarás allí sólo si tienes fe. Ese final feliz va a ser glorioso.

Las personas afligidas se sienten impacientes precisamente porque están fallando en el modelo cultural que supera fácilmente la adversidad. Si no se «transforma», si no encuentra algo hermoso y positivo dentro del dolor, habrá fallado. Y si no lo haces rápidamente, siguiendo

---

1. Brené Brown, *Rising Strong: The Reckoning. The Rumble. The Revolution* (Nueva York: Spiegel and Grau, 2015).

ese arco narrativo que va del incidente a la transformación, dentro del lapso de atención colectiva, no estás viviendo las cosas correctamente.

Hay una especie de mordaza para decir la verdad, en la vida real y en los relatos ficticios. Como cultura, no queremos escuchar que hay cosas que no se pueden arreglar. Como cultura, no queremos saber que hay penas que nunca desaparecen. Con algunas cosas sólo nos queda aprender a vivir con ellas, y eso no es lo mismo que acabar feliz como una perdiz. No importa cuántos arcoíris ni cuántas mariposas metas en la narración, algunas historias simplemente salen mal.

RESISTENCIA NARRATIVA

Sin saber por qué, muchas personas se rebelan contra esas historias de transformación positiva. O al menos estamos empezando a rebelarnos contra ellas. Esos finales felices comienzan (muy lentamente) a perder nuestro favor.

Honestamente, creo que ésa es la razón por la que los libros de Harry Potter fueran tan exitosos. Son oscuros. J. K. Rowling se zambulló en dicha oscuridad, nunca la convirtió en algo almibarado, bonito y dulce. Las cosas no salen bien al final, a pesar de ser finales hermosos. La pérdida, el dolor y el sufrimiento existen en ese mundo y nunca son redimidos. Son sobrellevados.

El mundo de Rowling nos habla colectivamente, porque necesitamos una historia que nos suene, que nos parezca verosímil.

Las historias son poderosas. A lo largo de la historia de la humanidad, la mitología, los relatos de origen y los cuentos de hadas nos han brindado imágenes para imitar, para moldear nuestras vidas después, para aprender de ellas. Nos ayudaron a ubicar nuestra propia experiencia en el contexto de algo más amplio. Todavía lo hacen. Aún necesitamos historias.

Estamos hambrientos de una nueva narrativa cultural. Una que realmente concuerde con nuestra forma de vivir, una que coincida con el interior de nuestros corazones y no con una película televisiva. Si vamos a cambiar las cosas, si vamos a crear historias nuevas, válidas, realistas y útiles para vivir, tenemos que empezar rechazando el eterno final feliz. O tal vez, redefinir qué es un final feliz.

Un final feliz dentro de una pena como la tuya no puede ser un simple «todo acabó bien». Ese final ni siquiera es posible.

EL NUEVO CUENTO DEL HÉROE

Cuando Matt murió, busqué historias de personas que hubiesen vivido el mismo tipo de pérdida. Fui en busca de historias de personas que vivían con un dolor tan grande que borraba todo lo demás. Necesitaba esas historias. Necesitaba un ejemplo para aprender a vivir. Lo que encontré fueron historias de cómo salir del dolor. Cómo arreglarlo. Cómo transformar el duelo lo más pronto posible. Leí una y otra vez que había algo malo en mí por estar tan triste.

No fueron sólo los libros los que me lo decían. Las personas que me rodeaban, amigos cercanos, la comunidad en general y los terapeutas, todos querían que estuviera bien, a la fuerza. Necesitaban que estuviera bien porque un dolor como el mío, como el tuyo, es increíblemente difícil de presenciar. Nuestras historias son difíciles de escuchar

No era culpa suya. Realmente no. No sabían escuchar. Eso es lo que pasa cuando sólo contamos historias sobre cómo se puede redimir el dolor: no tenemos historias que nos digan cómo vivir con él. No tenemos historias sobre cómo dar testimonio. No hablamos sobre el dolor que no tiene arreglo. No podemos hablar de eso.

Y no necesitamos nuevas herramientas para salir de la pena. Lo que necesitamos son las habilidades para resistirla, nosotros mismos y los demás.

Colectivamente, tenemos un inmenso atraso de dolor nunca visto, porque no tenemos un modelo a seguir que nos ayude a escucharlo. Necesitamos inventar un modelo nuevo. Necesitamos nuevas historias que digan la verdad sobre el dolor, sobre el amor, sobre la vida. Historias de valentía frente a lo que no se puede arreglar. Lo necesitamos para nosotros mismos y para los demás; tenemos que conseguirlo como sea porque el dolor es algo que pasa. El dolor sucede.

Si realmente queremos resultar útiles para las personas que sufren, debemos estar dispuestos a rechazar la historia dominante del dolor como una condición aberrante que necesita transformación o redención. Tenemos que dejar de recorrer unas etapas del duelo que nunca debieron convertirse en guiones universales.

Al contar mejores historias, conseguiremos una cultura que sabrá cómo dar testimonio, aparecer y estar presente en lo que no se puede transformar en modo alguno. Contando con un nuevo modelo, aprenderemos a ser mejores compañeros, para nosotros mismos y para los demás.

El dolor no siempre se redime al final ni se convierte en ninguna otra cosa. Aunque seamos valientes, aunque seamos héroes, no se trata de superar lo que duele y convertirlo en un don. Ser valiente consiste en despertarte cada día cuando no te quieres despertar. Ser valiente es cargar con tu propio corazón cuando se ha roto en un millón de pedazos y nunca se recompondrá. Ser valiente es estar al borde del abismo que acaba de abrirse en la vida de alguien y no apartarse de él, sin enmascarar su incomodidad con un emotivo consejo: «piensa en positivo». Ser valiente es dejar que el dolor se despliegue en toda su grandeza para que ocupe todo el espacio que necesita. Ser valiente es contar esa historia.

Es horrible pero también hermoso. Ésas son las historias que necesitamos.

HAY MÁS INFORMACIÓN AL RESPECTO...

Hemos cubierto una gran cantidad de información cultural en este capítulo. Esta lente de aumento puede ayudarte a sentirte normal, menos loco en tu dolor. También puede ayudarte en la búsqueda de apoyo profesional y personal para tu sufrimiento: identificar aquellos que no necesariamente se adhieren al modelo de etapas o a la narrativa cultural de la transformación es un buen punto de partida.

Si quieres sumergirte más profundamente en la evitación colectiva del dolor y en las profundas y sorprendentes raíces de la vergüenza por el duelo, ve al capítulo 4. Si prefieres no ahondar más en el tema (en el duelo inicial, terminas haciéndote un lío por la enorme necesidad de obtener información), ve directamente al capítulo 5. Allí, encontrarás una nueva visión de apoyo para el duelo y cómo llevarás las cosas.

4

ANALFABETISMO EMOCIONAL
Y LA CULTURA DE LA CULPA

Existe una peculiaridad generalizada en nuestra cultura en relación al dolor y la muerte. Juzgamos, y culpamos, disecamos y minimizamos. La gente busca defectos, lo que se ha hecho mal para acabar en el punto donde se encuentran: no hacía suficiente ejercicio; no comía fruta y verdura; comía sólo fruta y verdura; y qué narices hacía andando por la carretera; a quién se le ocurre irse de vacaciones a ese país; no tendría que haber ido a esa discoteca, con la chusma que va siempre a ese antro; si lleva tan mal las cosas seguro que no era muy estable antes de que esto pasara; a mí me parece que ése tiene problemas infantiles no resueltos. ¿Qué provocan los problemas no curados?

Tengo una teoría (que no está científicamente demostrada, de momento): cuanto más aleatoria e inesperada sea una pérdida, más sensatez y corrección escuchará la persona afligida. Es como si no pudiéramos comprender el hecho de que alguien que estaba vivo y bien en el desayuno, se haya muerto antes del almuerzo. No podemos entender cómo a alguien que come bien, está sano y es una buena persona, le salga un cáncer y se muera con treinta y cuatro años. No podemos entender cómo un niño perfectamente saludable puede morir de algo que empezó como una simple tos. Cómo alguien que va en bici a trabajar, por el carril bici, sin arriesgarse, con su ropa reflectante y luces intermitentes en la bici, pueda morir atropellada en cuestión de segundos.

¡Algo debieron hacer mal! ¡Tiene que haber una razón!

Es aterrador pensar que alguien bueno, correcto, de alguna manera inmaculado, se muera así como así. Es espantoso mirar a una persona desgarrada por el dolor y saber que algún día nosotros nos veremos en esas circunstancias.

Pérdidas de este tipo, repentinas, resaltan la naturaleza fugaz de la vida. Con qué facilidad, con qué rapidez puede cambiar nuestra existencia.

Cuando Matt murió, la única noticia que leí (¡la única!) lo culpaba por no llevar puesto un chaleco salvavidas. ¡Se le ocurrió ir a nadar sin un chaleco salvavidas! Los comentarios más amables tras el artículo lo ponían como un ángel, mirando siempre por todo el mundo, incluso por gente que no conocía; su trabajo en la tierra ya estaba cumplido. Algunos comentarios me culpaban a mí por «hacer que se metiera en el agua», o nos culpaban a los dos por ser tontos perdidos y no haber calibrado el potencial peligro.

En los días posteriores a la muerte de Matt, escuché más de una conversación en la que la gente juzgaba mi respuesta a la muerte de Matt de manera muy desfavorable. Ten en cuenta que no me puse a pegar gritos públicamente, no le pegué a nadie y no monté ningún *show* en ninguna parte. Lo único que hice fue estar muy triste, abierta y descaradamente triste. Nada más.

LA DESHONRA DE LA VÍCTIMA Y LA CULTURA DE LA CULPA

Mi experiencia de culpa y juicio, tanto por mi propia pena como por la muerte de Matt, no es única. La mayoría de las personas que sufren una pérdida se han sentido juzgadas y avergonzadas por su dolor.

Particularmente cuando la pérdida es inusual, violenta o accidental, la reacción de culpa es intensa: inmediatamente tenemos que buscar alguien que haya hecho algo mal. «Fulanito hizo algo ridículo, una tontería, nosotros nunca haríamos eso». Nos alivia de alguna manera creer que nuestro sentido común nos va a mantener a salvo a nosotros y a los nuestros. Y si pasa algo malo (sin que sea culpa nuestra), seremos lo suficientemente fuertes como para sobrellevarlo mejor. No nos deprimiremos, sabremos vivir con la cabeza alta, lidiaremos mucho mejor que esa otra persona. Todo acabaría bien.

La investigación de Brené Brown afirma que la culpa es una forma de descargar el dolor y la incomodidad. El dolor intenso es un recordatorio de que nuestras vidas aquí son fugaces, en el mejor de los casos. La evidencia de la pesadilla de otra persona es la prueba fehaciente de que podríamos ser los próximos. Y ésa es una evidencia muy incómoda. Tenemos que hacer malabarismos para minimizar nuestra incomodidad y mantener cierta sensación de seguridad.

Cuando alguien te dice: «Es que no puedo ni imaginármelo», sí que se lo puede imaginar. Sin querer, su cerebro *se puso* a imaginar, automáticamente. Como mamíferos, neurobiológicamente hablando, estamos conectados los unos con los otros. La empatía es, en realidad, una conexión del sistema límbico con la emoción del prójimo Estar cerca del sufrimiento de otra persona nos hace sufrir. Nuestros cerebros están conectados.

Ver a alguien con dolor nos provoca una reacción y dicha reacción nos hace sentir muy incómodos. Ante este conocimiento visceral de que nosotros también podríamos estar en una situación similar, cerramos los centros de empatía. Negamos nuestra conexión. Y lo cambiamos por el juicio y la culpa.

Es un instinto de protección emocional.

Hacemos esto a nivel personal, pero también lo hacemos globalmente. Podemos verlo claramente en nuestras epidemias culturales de violencia contra las mujeres y contra las minorías: la víctima debe haber hecho algo para merecerse lo que le ha pasado. También lo vemos en nuestra respuesta a los desastres, naturales o provocados por el hombre, a gran escala: después del tsunami de 2011 en Japón, algunos lo llamaron «recuperación kármica» por los ataques japoneses contra Pearl Harbor.[2]

De maneras diversas, nuestra respuesta al dolor de los demás acaba siendo echarle la culpa: si algo terrible te pasa será que te lo has buscado de algún modo.

Culpar a alguien por estar sufriendo, ya sea de pena o algún tipo de violencia, es nuestro mecanismo de defensa. Qué rápidos somos para demonizar en lugar de empatizar. Qué rápidos somos para entrar en debate, en lugar enfrentarnos al dolor real de la situación.

En la raíz de nuestros temores sobre el dolor y en nuestros acercamientos al dolor y la pérdida, hay miedo a la conexión. Un miedo a reconocer, a sentir, nuestra relación. Lo que le sucede a una persona puede sucederle a cualquiera. Nos vemos reflejados en el dolor de otra persona y no nos gusta vernos a en ésas.

Los desastres y las muertes ponen de manifiesto un nivel de empatía emocional que nos pide acercarnos, reconocer que podría pasarnos a nosotros o a alguien querido, sin importar lo seguros que intentemos estar. Odiamos la evidencia de que hay muy poco en esta vida sobre lo que tengamos control. Haremos casi cualquier cosa para evitar que nos pase a nosotros. Lo que comienza como una conexión basada en el sistema límbico revierte el instinto de supervivencia del tronco encefálico, una respuesta que pone a los que sufren en el lado equivocado de la línea, y nosotros, siempre en el lado correcto. Nos alejamos del dolor en lugar de sentirnos devastados por él.

La cultura de la culpa nos mantiene a salvo. O más bien, nos hace creer que estamos seguros.

---

2. Para más información sobre los orígenes de culpar a las víctimas, *véase* Adrienne LaFrance, «Pompeya y los antiguos orígenes de culpar a la víctima», *The Atlantic*, 2 de octubre de 2015, www.theatlantic.com/technology/archive/2015/10/did-the-people-at-pompeii-get-what-they-deserved/408586/

LA MAZMORRA DE LA EVITACIÓN DEL DOLOR

Estamos desesperados por tener la seguridad de que todos los que amamos están a salvo y que siempre lo estarán. Necesitamos creer que sobreviviremos, pase lo que pase. Necesitamos creer que tenemos el control. Para mantener esta creencia, hemos inventado toda una cultura basada en un pensamiento mágico: pensar los pensamientos correctos, hacer las cosas correctas, ser evolucionados/no apegados/optimistas/leales, y así todo seguirá bien. En el capítulo 3, hablamos sobre la cultura histórica de redención y transformación. Eso también es parte del mecanismo de seguridad y supervivencia.

El sufrimiento y la pena nunca se ven como respuestas saludables a la pérdida. Son demasiado amenazantes. Nos resistimos en igual medida que tememos ser consumidos por ellos.

El problema, entre otras cosas, es que se crea una estructura de culpa socialmente aceptada en la que cualquier tipo de dificultad o dolor se vive con vergüenza, es tema de juicio y acaba siendo una advertencia para volver rápidamente a la «normalidad». Si no puedes superarlo, estás, una vez más, haciendo algo mal.

¿Y QUÉ PASA CON DIOS?

Sería negligente si no tocara, al menos en parte, la religión y su organización cultural para evitar el dolor. Cuando un ser querido está enfermo o en peligro, rezamos para que Dios lo salve. Si sobreviven, damos gracias a Dios por su ayuda. «¡Dios nos ha bendecido! ¡Aleluya!». Es una forma de telegrafiar el alivio por haber conseguido un resultado positivo. Como vimos en el capítulo 2, hay una segunda mitad en dichas frases: si Dios salva a unos, especialmente a aquéllos por quienes se rezó o a aquellos que tuvieron fe, entonces los que mueren, o cuyos resultados no ha sido precisamente favorables, son por lo tanto… no bendecidos. Las oraciones y la gente que rezó fracasaron. Eso, o ese dios, es tan caprichoso como omnipotente, y tenía razones para no salvarlos. Esta idea de que una fuerza cósmica-universal decide quién vive y quién muere crea, como dice Cheryl Strayed, «una falsa jerarquía de bendecidos y condenados».[3]

De hecho, Strayed lo describe tan perfectamente que no puedo hacerlo mejor. En su libro *Tiny Beautiful Things,* Strayed se dirige a una madre preguntándose qué papel podría haber jugado Dios en salvar a su hijo de una enfermedad potencialmente mortal (o dársela a ella, en primer lugar), y si aún podría creer en ese dios en caso de que su hijo muera:

> Innumerables personas se han visto devastadas por razones que no pueden explicarse ni justificarse en términos espirituales. Preguntarse «¿por qué Dios haría esto?» crea una jerarquía falsa de elegidos y condenados. Usar nuestra buena o mala suerte individual como prueba de fuego que determine si dios existe o no, constituye una dicotomía ilógica que reduce nuestra capacidad para la compasión. Implica un *quid pro quo* piadoso que desafía la historia, la realidad, la ética y la razón.[4]

Esta creencia en un dios sobre el que se puede influir por petición humana es un tema increíblemente espinoso. Ha sido un problema a lo largo de la historia de la humanidad. No podemos reconciliar ideas de un dios amoroso con los horrores que suceden tanto a escala individual como general. Frente a esa disonancia cognitiva hemos inventado la idea de que hay una fuerza superior que puede agradarnos o desilusionarnos con sus acciones. Así sentimos cierta sensación de poder y control sobre lo que parece ser un universo aleatorio y repleto de injusticia.

---

3. Cheryl Strayed, *Tiny Beautiful Things: Advice on Love and Life from Dear Sugar* (Nueva York: Vintage, 2012), 145.
4. *Ibid.*

Las raíces de cualquier tradición nos invitan a amarnos y acompañarnos los unos a los otros en lo que sea que la vida nos traiga. La fe no es un medio para cambiar el resultado de nada. Este «dios de máquina expendedora» que otorga recompensas y castigos basados en nuestras cambiantes ideas sobre lo que significa ser «bendecido» es un perjuicio para aquellos que se apoyan en la fe cuando les toca vivir tiempos difíciles. Una definición tan estrecha de la fe también es un perjuicio para las tradiciones religiosas en general: la creencia en algo nos ayuda a sobrevivir. Necesitamos esa creencia para ayudarnos a soportar lo que nos depara el destino, pero no nos dice quién tiene razón, quién está equivocado, quién se salva y quién debe sufrir.

Usar la fe como una tapadera para nuestras inseguridades, para nuestra falta de control, es una faceta más de la cultura de la culpa. Añade un elemento de crueldad espiritual a un camino que ya es desafiante de por sí.

EL CULTO A LA POSITIVIDAD

Es más fácil crear conjuntos de reglas que nos permitan tener la ilusión de control que aceptar la realidad, incluso cuando lo hacemos todo «bien», pueden ocurrir cosas horribles. De una forma u otra, la idea de culpar a la gente por sus desgracias como una forma de seguridad propia ha existido siempre.

La culpa de la víctima (y la humillación de la pena) es tan omnipresente que no siempre llegamos a verla.

Si bien las religiones organizadas han traficado con ese modelo de universo, la cultura moderna ha recurrido a la Nueva Era, al yoga de la atención plena, que habla de la dificultad, la muerte y el dolor: tú creas tu propia realidad. Todo lo que sucede en el exterior es sólo un reflejo del interior. Eres tan feliz como quieres ser. No hay lugar para la tristeza, sino para la gratitud. La intención lo es todo. La felicidad es un trabajo interior. La actitud negativa es la única discapacidad real.

Incluso si nos esforzamos en admitir que hay cosas fuera de nuestro control, insistimos en que la respuesta a lo que pase sí está bajo nuestro control. Creemos que la tristeza, la ira y el dolor son emociones «oscuras», producto de una mente poco desarrollada y ciertamente menos hábil. Es posible que no hayamos podido evitar lo que nos ha pasado, pero podemos mitigar sus efectos simplemente *decidiendo* estar bien. Cualquier signo duradero de malestar es una prueba de que no estamos viendo la realidad desde la perspectiva correcta.

Oculta dentro de este consejo aparentemente alentador para hacerse cargo de las propias emociones, y por lo tanto de la propia vida, está la misma cultura de la culpa. Es la evitación del dolor revestida de un lenguaje positivo y pseudoespiritual. Es la presunción de que la felicidad y la satisfacción son las únicas medidas auténticas de salud.

«Hace más de tres años que te fuiste y todavía me sigue molestando que la gente me pregunte: "¿Cómo estás?". ¿Creen que les voy a decir la verdad? Estoy cansado de escuchar cómo todo estaba planeado antes de que nacieras y cómo tú y yo acordamos tu muerte para el aprendizaje de mi alma y para el tuyo. Nadie quiere reconocer que el caos existe y que algunas cosas suceden porque sí, sin motivo alguno, igual que un coche atropella a una persona, igual que una bala que perfora un cráneo o desgarra un corazón, igual que los coágulos de sangre pueden llenar unos pulmones, como el cáncer que consume el cuerpo. Un tiempo de vida preconcebido no hace que la muerte de alguien querido sea menos devastadora.

Estoy cansado de escuchar que hay una razón para tu muerte, para mi desamor, y que cuando lleguemos al otro lado todo tendrá sentido. Nunca tendrá sentido, incluso cuando mi corazón deje de doler tanto. Te extraño. Ojalá nunca hubieras muerto».

DRU WEST, estudiante de Writing Your Grief,
sobre la muerte de su hija, Julia

¿QUÉ TIENE DE MALO SER POSITIVO?

La autora e investigadora Barbara Ehrenreich lo llama «tiranía del pensamiento positivo». Su experiencia con la maquinaria del pensamiento positivo (y una «perspectiva feliz» forzada) salió, en primer lugar, de sufrir un cáncer, con exhortaciones de todos colores para que consiguiera ver su diagnóstico como un regalo y para desterrar las emociones «negativas» y triunfar sobre su enfermedad:

> Lo primero que descubrí es que no todos parecen ver esta enfermedad con horror. Sin embargo, la única actitud apropiada es la optimista. Para ellos se requiere negar los comprensibles sentimientos de ira y miedo, que deberán ser enterrados bajo una capa cosmética de alegría [...]. Sin lugar a dudas, surge un problema cuando el pensamiento positivo «falla» y el cáncer se propaga o elude el tratamiento. Entonces la paciente sólo puede culparse a sí misma: no está siendo lo suficientemente positiva; posiblemente fue su actitud negativa la que provocó la enfermedad [...].
>
> [Hay] una fuerza ideológica en la cultura estadounidense que desconocía hasta el momento, una fuerza que nos anima a negar la realidad, a someternos alegremente a la desgracia y culparnos a nosotros mismos por nuestro destino [...].
>
> De hecho, no hay ningún tipo de problema u obstáculo para el que el pensamiento positivo y la actitud positiva no se hayan propuesto como cura definitiva.[5]

Ehrenreich pasó a estudiar el pensamiento positivo durante la crisis financiera de mediados de la década de 2000, así como sus ramifica-

---

5. Barbara Ehrenreich, *Smile or Die: How Positive Thinking Fooled America and the World* (Londres: Granta Books, 2010); también su artículo, «Smile! You've Got Cancer» en *The Guardian*, enero de 2010, www.theguardian.com/lifeandstyle/2010/jan/02/cancer-positive-thinking-barbara-ehrenreich

ciones, de los que perdieron sus empleos, sus hogares y sus pensiones. Enfrentados la pobreza y a otras dificultades financieras, a muchos se les dijo que los despidos y las pérdidas del hogar eran oportunidades y que para tener éxito había que creer en uno mismo y tener una actitud siempre positiva. Cualquier obstáculo externo puede superarse si tienes confianza. Como forma de desviar la responsabilidad de las empresas y compañías que crearon el colapso, la positividad forzada fue una estrategia brillante: «¿Qué mejor manera de calmar la disidencia que decirles a las personas que sufren que su actitud es la culpable de todo?», escribe Ehrenreich.[6]

¿Qué mejor manera de silenciar el dolor que culpando a quienes lo sienten?

Este tipo de regla general contra las quejas, las incomodidades o las dudas tiene raíces muy profundas. Es una forma de no abordar las verdaderas causas subyacentes de la pobreza, la violencia, la desigualdad o la inestabilidad; gobiernos y organismos oficiales, a lo largo de la historia, han sofocado la disidencia ordenando el optimismo y silenciando la realidad precisa de la situación. Compartir dudas y temores sobre lo que está sucediendo puede representar la exclusión (que en muchas culturas significaba la muerte, ya que quedas fuera del sistema o de la comunidad). Si el optimismo forzado no funciona para frenar una revuelta, cambiar el enfoque de la realidad hacia algún tipo de tierra prometida o futuro luminoso sí lo consigue: cuanto más sufras ahora, mayor será tu recompensa en el futuro. Te están examinando para ver cuánta presión resistes.

Podemos relacionar este tema con el modelo religioso sobre el que se construye gran parte de la cultura occidental. Si algo no va bien en tu vida es porque has algo malo habrás hecho. Has cabreado a Dios (o a la clase dominante). No estabas siguiendo las reglas al pie de la letra. El sufrimiento es el precio del pecado. ¡Por supuesto que estás siendo

---

6. *Ibid.*

castigado! Pero si lo estás haciendo todo bien y las cosas se tuercen de todos modos… no pasa nada: tu recompensa será la gloria. Los que sufren están más cerca de Dios. Tu recompensa es en la otra vida, en el cielo, un momento mítico mejor en el que todo es maravilloso.

La culpabilización de la víctima y la glorificación del sufrimiento no es algo nuevo, pero ahora no tenemos tiempo de hablar de eso.

Muchos gobiernos en el mundo siguen usando la desviación de la culpa por razones políticas, y está absolutamente presente en la forma en que nos enfrentamos a la pena y la pérdida en las diferentes culturas. Lo verás claramente en la psicología popular y en las interpretaciones New Age de la filosofía oriental, con una inclinación ligeramente distinta: si estás sufriendo, es porque no estás vibrando en sintonía con en cosmos. Si estuvieras más en contacto con tu «núcleo», con tu Yo Superior, lo habrías visto venir. La enfermedad y la dificultad es una señal de que estabas albergando pensamientos negativos o resentimiento; al final lo has somatizado porque esas bajas vibraciones tenían que salir por algún sitio.

Así las cosas, si te pasa algo malo, pues lo sentimos mucho. Las tradiciones orientales nos dicen que debemos sentir compasión por los demás. Pero también dicen que todo sucede por una razón, y que si fueras más espiritual, si estuvieras más en contacto contigo mismo y con el mundo, nada malo te podría pasar. Seguramente estás resolviendo tu mal karma de una vida anterior. Tal vez estás almacenando buen karma para tu vida futura. En su momento aceptaste esta «lección de vida», lo que pasa es que en esta vida no te acuerdas. Si de verdad estás en el camino de la iluminación y haces un buen trabajo personal, pero te pasan cosas feas de todos modos, es una prueba de superación para tu perfeccionamiento espiritual. Practica el desapego. No dejes que te estresen las cosas materiales. Encuentra la parte positiva en todo lo que te pase.

En consecuencia, estamos destinados a aceptar el sufrimiento como una lección que necesitamos con el fin de convertirnos en mejores personas y nos negamos a dejar que la pérdida nos empuje a salir de nuestra actitud normal, feliz, optimista y alegre. Los estados emocionales dolorosos no están destinados a durar: son estaciones a corto plazo en el largo camino hacia un yo mejor (o al menos más «normal»). El sufrimiento te hace crecer.

Todos estos cuentos son parte de esa historia cultural que glorifica la transformación, mientras que evita la realidad del dolor en el mundo con todas sus fuerzas.

BAIPÁS ESPIRITUAL Y EL MITO DE ILUMINACIÓN

La cultura de la culpa y la epidemia de eliminar la pena se vuelven especialmente agrestes cuando buscamos herramientas espirituales, meditativas u otras técnicas de reflexión y crecimiento.

Se nos ha metido en la cabeza la idea de que ser una persona «espiritual» o «evolucionada» significa que no nos afecta nada. Nos esforzamos en estar por encima del dolor y creemos que somos unos hachas en la idea oriental del «desapego»; por lo tanto, no estamos dispuestos a preocuparnos por nada mundano. Permanecer tranquilo e inmutable en cualquier situación es un signo de desarrollo espiritual y emocional.

También estamos obsesionados con que las prácticas espirituales, por sí mismas, están destinadas a eliminar el dolor y a sumergirnos en la ecuanimidad. Creemos que para eso están esas técnicas: para hacernos sentir mejor.

No importa cuánto insista nuestra cultura en ello, las prácticas espirituales y meditativas no están destinadas a borrar el dolor, no sirven para eso. Son un síntoma de nuestra cultura de evitación del dolor, y no una descripción precisa de las prácticas en sí mismas.

Lo cierto es que es un mal uso de unas enseñanzas tan hermosas para forzarlas a desempeñar roles que nunca deberían interpretar.

Las prácticas espirituales en cualquier tradición, incluida la atención plena en sus múltiples formas, están destinadas a ayudarnos a vivir lo que nos corresponde vivir, no a elevarnos por encima de la realidad. Dichas herramientas están destinadas a ayudarnos a sentirnos acompañados dentro del dolor. Están destinadas a darnos un poco de espacio para respirar dentro de una realidad totalmente insoportable. Y eso no es en absoluto lo mismo que hacer que el sufrimiento desaparezca.

En lugar de ayudarnos a elevarnos por encima de nuestra naturaleza humana, las enseñanzas de cualquier tradición verdadera nos ayudarán a ser *más* humanos: estar más conectados, no menos apegados.

Gran parte de lo que ahora llamamos *baipás espiritual* es la antigua separación entre la cabeza y el corazón, que trata de superar al ser humano volviéndolo más intelectual. Lo hacemos porque ser humano *duele*. Duele porque amamos. Porque estamos conectados con quienes nos rodean y duele cuando mueren. Duele cuando perdemos lo que amamos. Ser una persona con mentalidad espiritual te hace más abierto al dolor, al sufrimiento y la dureza, que son partes del amor.

Ascender a nuestras esferas intelectuales, saliendo de aforismos espirituales, es una forma más de tratar de salvaguardarnos de los *sentimientos*. Es una forma más de tratar de proteger nuestros apegos al negar que los tenemos. Podemos afirmar que se trata de un pensamiento superior, pero es nuestro cerebro de instinto de supervivencia el que dirige todo el programa. Lo que necesitamos es usar nuestro sistema límbico: nuestra capacidad de vernos en el otro y responder con amor.

La forma de superar el dolor de ser humano no es negarlo, sino experimentarlo. Dejarlo existir. Dejarlo ser, sin detenerlo o, con una forma de resistencia más moderna, afirmando que no estamos «evolucionados» para sentir dolor. Eso es una tontería. Es elitista. No permite al dolor volver a la línea de base normativa de la felicidad. Permites dolor porque es real. Porque es más fácil permitir que resistir. Porque es más natural que estar en modo amable, suave y fácil de llevar, aunque te desgarre. Porque dar testimonio del dolor, sin cerrarlo o negarlo, es iluminación. La capacidad de recuperación y la inteligencia emocional necesaria debe ser lo bastante madura para poder mantener la mirada en la realidad de la pérdida. Cualquiera que sea la fe o la práctica que utilices (si es que usas alguna), no debería obligarte a superar tu dolor ni negarlo en forma alguna. En todo caso, la práctica te hará sentir más intensamente el sufrimiento, no menos. Cuando estás roto, la respuesta correcta debe ser de rotura. Pretender lo contrario es una forma de arrogancia espiritual.

> La evasión espiritual –el uso de creencias espirituales para evitar el manejo de sentimientos dolorosos, heridas no resueltas y necesidades de desarrollo– está tan generalizada que pasa desapercibida. Los ideales espirituales de cualquier tradición, ya sean mandamientos cristianos o preceptos budistas, pueden proporcionar una justificación fácil para que los practicantes eludan sentimientos incómodos a favor de una actividad aparentemente más iluminada. Cuando se separan de las necesidades psicológicas fundamentales, tales acciones hacen más daño que bien.
>
> ROBERT AUGUSTUS MASTERS, *La evasión espiritual:*
> *cuando la espiritualidad nos desconecta*
> *de lo que realmente importa*

Por favor, entiende que no estás fallando como persona «espiritual» o «emocionalmente inteligente» por el hecho de estar triste. Estar afligido tiene perfecto sentido y tu deseo de ser testigo de tu propio dolor es una señal de profundidad emocional y habilidad. La empatía –sentirte contigo mismo, sentirte en los demás– es el verdadero sello distintivo del desarrollo.

«Estoy enfadada con el monje budista al que consulté desesperada desde el principio para hacerme «ser consciente» en mi dolor. Me habló de las Cuatro Nobles Verdades, me dijo que mi sufrimiento está en la mente y que necesitaba dejar de lado mi apego. Ésas fueron las palabras más crueles que pude escuchar. Siguió diciendo "todo está en la mente, todo está en la mente". Y cuando me balanceé hacia atrás y adelante a través de mi dolor teñido de lágrimas y le pregunté: "¿Pero qué hay del corazón?". No supo qué contestarme».

MONIKA U. CURLIN, estudiante de Writing Your Grief,
sobre la muerte accidental de su marido, Fred

EL COSTO DE EVITAR EL DUELO

Sé que toda esta charla sobre las raíces históricas de la evitación del dolor puede hacerme parecer una cascarrabias insoportable, quejándose de lo mal que va el mundo. Y de alguna manera, eso es exactamente lo que soy. Pero aquí está la cosa: me paso todo el día escuchando el dolor que experimentan las personas *por encima* de su dolor real. Escucho, una y otra vez, lo doloroso que resulta ser juzgado, rechazado e incomprendido.

El culto a la positividad nos hace a todos un flaco favor. Nos lleva a creer que estamos más a cargo del mundo que de nosotros mismos, y nos hace responsables de cada dolor, de cada angustia. Establece un mundo de movimientos en falso en el que debemos tener cuidado de no molestar a los dioses, o no crear más karma, o no dañar nuestros cuerpos con nuestros pensamientos e intenciones. Ofrecerá herramientas de liberación forzándolas a ponerse al servicio de la negación y el autoengaño. Nos hace repetir tópicos inútiles a los que están de duelo, insistiendo en alguna gloriosa recompensa imaginaria y futura, mientras ignoramos su dolor real y actual.

Tal como vivimos la pena es cómo vivimos a la mayor parte de la vida. La psicóloga de la Harvard Medical School, Susan David, dice que nuestro diálogo cultural es esencialmente evitativo. A medida que comenzamos a desentrañar nuestro lenguaje en torno al dolor y la pérdida, vemos lo cierto que es y cuántas áreas de la vida afecta.

Si queremos mejorar el problema, si queremos cambiar las cosas no sólo para las personas en duelo, sino para todos, tenemos que hablar sobre el alto costo de negar el sufrimiento en todas sus formas.

A nivel personal, reprimir el dolor y las dificultades crea una situación interior insostenible, en la que nos tendremos que medicar para poder lidiar con la tristeza y aflicción, a fin de mantener una apariencia externa de «felicidad». No sabemos mentirnos a nosotros mismos demasiado bien. El dolor no abordado y no reconocido no desaparece. Intenta ser escuchado de cualquier manera, a menudo manifestándose en forma de adicción, ansiedad, depresión o aislamiento social. El dolor no escuchado ayuda a perpetuar los ciclos de abuso atrapando a las víctimas en un patrón de vida nefasto o desplazando su trauma a otros.

Nuestra incapacidad fundamental para tolerar el dolor, las dificultades y el miedo nos mantiene paralizados ante la angustia mundial. La cantidad de dolor en el mundo es asombrosa y hacemos lo que sea para no verlo, para no pensar en ello. Nuestra evasión desenfrenada requiere que nos alejemos de la devastación ambiental, del sufrimiento humano, del abuso infantil y el tráfico sexual, de las guerras mundiales, de los crímenes de odio y de todo tipo. Cuando vemos el sufrimiento, nos llenamos de indignación, en lugar de colapsar en la pena. La activista y escritora Joanna Macy habla del dolor no reconocido y no bienvenido en los corazones de la mayoría de los activistas. Es como si temiéramos que toda la fuerza de nuestra tristeza nos hiciera mudos, impotentes e incapaces de seguir adelante. Ese dolor no reconocido produce agotamiento, desconexión y una clara falta de empatía por los que tienen puntos de vista aparentemente opuestos.

La evitación cultural y la denigración de la pérdida y el dolor humanos crea tantos problemas que no sería exagerado decir que tenemos una epidemia de dolor no expresado.

Así que, aunque nos concentramos principalmente en el rechazo más amplio y cultural del duelo, en lo que respecta al sufrimiento personal, es importante reconocer lo generalizado del problema. La costumbre de amordazar el dolor está en todas partes. Todos tenemos un papel que desempeñar para superar esta cultura de aversión al dolor.

> Debe haber gente entre la que podamos sentarnos y llorar, y aun así ser considerados guerreros.

ADRIENNE RICH, Fuentes

EL APEGO ES SUPERVIVENCIA

El dolor debe ser bienvenido y entendido, debe dársele un verdadero espacio en la mesa; de lo contrario, no podremos hacer el trabajo necesario, que es mantenerse con vida en el ámbito personal, ni el trabajo global, que consiste en hacer que el mundo sea más seguro, más equitativo y mejor para todos los seres vivos. Tenemos que ser capaces de decir la verdad sin temor a ser vistos como débiles, tullidos o sin parecer que le estamos fallando a nuestra cultura. Necesitamos que sea tan normal hablar de nuestro dolor como lo es hablar de nuestra alegría.

No hay necesidad de acelerar la redención.

Las cosas malas, dolorosas, terribles, suceden. Ésa es la naturaleza de la vida, al menos en este mundo. No todo sale bien; y no todo sucede por una razón. El camino real aquí, el verdadero camino a seguir, no es negar la existencia de un dolor irredimible, sino reconocer que existe. Convertirse en una cultura lo suficientemente fuerte como para ser testigo del dolor, sabiendo que el sufrimiento es lo que es. Mantenernos unidos en la aflicción. Abrirnos al dolor del prójimo, sabiendo que la próxima vez nos puede tocar a nosotros.

Cuando tenemos miedo a la pérdida, nos aferramos al sistema de lo correcto y lo incorrecto, del bien y del mal, para salvaguardar nuestras conexiones con aquellos que amamos. Creemos que poner barreras contra el dolor y el sufrimiento nos ayudará a sobrevivir.

Nuestra profunda aversión al dolor y a las dificultades, a reconocer el sufrimiento y los problemas, nos aleja de lo que más deseamos: la seguridad. Seguridad en forma de amor, de conexión o de parentesco. Nos defendemos para no perderlo, pero al hacerlo dejamos de vivirlo.

Lo difícil es que la verdadera supervivencia no puede existir en un mundo en el que hay que mentir sobre nuestros propios sentimientos o pretender que tenemos el control de todo. Eso nos hace más ansiosos, más rabiosos, en el intento de conseguir que todo acabe bien.

La manera más eficaz de estar «a salvo» es dejar de negar que pasan cosas malas e intolerables. Decir la verdad nos permite conectarnos, entrar plenamente en la experiencia de otro y *sentir con ellos*.

La verdadera seguridad está en saber entrar en el dolor del otro, reconociéndonos dentro de él. Como solía decir uno de mis maestros más antiguos, la intensidad es parentesco. Es evidencia de conexión. Que nos lastimemos unos a otros muestra nuestra relación. Nuestros sistemas límbicos, nuestros corazones y nuestros cuerpos están hechos para eso; anhelamos esa conexión.

¿Eres capaz de ver tu propio potencial de sufrimiento y pérdida en el dolor de alguien más? Eso es muy bonito. La melancolía también es parentesco.

Cuando surge la emoción podemos dejar que esa conmoción nos atraviese. Duele, pero duele porque estamos relacionados, porque estamos conectados. Debe doler. No hay nada de malo en ello. Cuando reconocemos el dolor como una respuesta saludable ante la pérdida, podemos responder con habilidad y gracia, en lugar de culpar y eludir. Podemos responder amando a los demás, sin importar lo que suceda.

Encontrar seguridad significa estar juntos, con el corazón abierto y curiosidad dispuesta a conocer todo lo que experimentamos: amor, alegría, optimismo, miedo, pérdida y desamor. Cuando no existe nada a lo que no podamos responder con amor y conexión, tendremos una seguridad tan resistente que nada en el mundo podría destruirla. No nos evitará pérdidas, pero nos permitirá sentirnos apoyados y respaldados dentro de lo que no se puede cambiar.

La verdadera vanguardia del crecimiento y el desarrollo está en la aceptación del sufrimiento. Está en acompañar al doliente, no en corregirlo. Está en el reconocimiento, en ser visto, en ser escuchado al dar testimonio de la verdad sobre la propia vida. Ésa es la única medicina para dolor.

5

EL NUEVO MODELO DE DUELO

Ya hemos viajado a las raíces culturales de la evitación de la pena. Ahora ¿cómo encontramos el camino de vuelta? ¿Cómo nos convertimos no sólo en personas, sino en toda una cultura, capaces de sentirnos cómodos con la realidad de un dolor que no tiene arreglo? ¿Cómo nos convertimos en personas que saben que la aflicción se vive mejor acompañando y no corrigiendo?

Ignorando por el momento el asunto cultural, vamos a volvernos a nosotros mismos, al interior del propio dolor. ¿Qué haces con el dolor? Si nadie habla de la realidad de vivir dentro de un dolor insoportable, ¿cómo lo vas a hacer?

Ya sabemos que es necesario encontrar un nuevo modelo. Una historia más válida para vivirla. Creemos que sólo hay dos opciones en el tema del sufrimiento: quedarse atrapado en el dolor, condenado a pasar el resto de la vida en un rincón del sótano, apretándose el cilicio, o triunfar sobre el sufrimiento, transformándose incluso en algo mejor de lo que se era antes.

Sólo dos opciones. Encendido o apagado. Eternamente roto o completamente curado. Nada más en la vida es así.

De alguna manera, cuando se trata de la pena, toda la amplitud de la experiencia humana se desvanece.

Hay un punto intermedio entre esos dos extremos (como lo hay para todo lo demás en esta vida), pero no sabemos hablar de eso. No sabemos cómo hablar sobre la aflicción cuando salimos de ese modelo cultural generalizado que nos obliga a estar completamente curados o irrevocablemente rotos.

Es un abanico de opciones realmente diminuto. Nadie puede moverse dentro de ese espacio, es que no es realista. No operamos en un modelo de transformación. No podemos alcanzar un final feliz para todas las cosas. No podemos decorar la realidad con un bonito arcoíris y decir: «No pasa nada, vas a estar incluso mejor que antes», porque eso no se lo cree nadie y además no es cierto.

Al mismo tiempo, no podemos quedarnos sin un mensaje para vivir. No podemos decir: «Ay, mira, lo siento. Esto va a ser una mierda para siempre y así te vas a quedar». No podemos quedarnos para siempre en un rincón del sótano. Eso tampoco es apropiado.

Lo que propongo es una tercera vía. Algo a mitad de camino. Ni encendido ni apagado. Una manera de atender al dolor pero hablando de él. Ni apartándose ni apresurándose a la redención, sino quedándose allí, allí mismo, dentro del universo borrado. Hacer un hogar allí, de algún modo. Saber que puedes elegir la vida que quieras, sin tener que elegir una cosa u otra: deja atrás tu amor y sigue viviendo «bien», o conserva tus conexiones y quédate «atascado».

Encontrar ese punto intermedio es el verdadero trabajo del duelo: mi trabajo y el tuyo. Cada uno de nosotros tiene que encontrar el camino en ese terreno intermedio. Un lugar que no nos pide que neguemos la pena y no nos condenará para siempre. Un lugar que rinde homenaje a la amplitud total de la pena, que en realidad es la amplitud del amor.

La única opción que tenemos cuando maduramos es la manera de habitar nuestra propia vulnerabilidad, cómo nos volvemos más grandes, más valientes y más compasivos a través de nuestra intimidad con la desaparición. Nuestra elección es habitar la vulnerabilidad como ciudadanos generosos de la pérdida, de manera robusta y total, o recíprocamente, como avaros y quejosos, renuentes y temerosos, siempre a las puertas de la existencia, pero nunca con valentía e intentando entrar, sin querer arriesgarnos, nunca caminando a través de la puerta.

DAVID WHYTE, *Consolations*

DOMINIO VERSUS MISTERIO

No se ha escrito mucho sobre las primeras etapas del duelo, esa zona tan cercana al impacto donde nada ayuda realmente. Estamos tan aterrorizados por el dolor intenso, y los sentimientos de impotencia que éste engendra, que la mayoría de los recursos no sirven en absoluto. Es mucho más fácil concentrarse en el dolor posterior, meses y años después, donde eso de «rehacer tu vida» es un enfoque más apetecible. Pero el dolor temprano es el momento en que más habilidad, compasión y conexión necesitamos. Es donde un cambio en los enfoques culturales y personales del duelo tiene más poder y resulta más duradero.

El dolor no necesita más solución que el amor. No podemos «triunfar» sobre la muerte, la pérdida y el sufrimiento. Son elementos inamovibles, inherentes a estar vivo. Si insistimos en tratarlos como problemas por resolver, nunca conseguiremos consuelo a nivel profundo.

Al hablar de la pérdida ambigua y de la cultura occidental del dolor no expresado, la psicóloga Pauline Boss presenta la «orientación de dominio» de la cultura occidental: somos una cultura que ama resolver problemas.[7] Esa orientación de dominio es lo que nos permite encon-

---

7. Pauline Boss, «The Myth of Closure», entrevista con Krista Tippett, *On Being*, 23 de junio de 2016, www.onbeing.org/programs/Pauline-boss-the-myth-of-closure

trar curas para enfermedades, nos brinda una tecnología genial y, en general, mejora la calidad de vida. El problema con la orientación de dominio es que lo ve todo como un problema a resolver, o un reto para ser vencido. Cosas como el nacimiento y la muerte, el dolor y el amor, no encajan bien en esa narrativa de dominio.

Es dicha intención de arreglar, de curar, de volver a lo «normal» lo que complica todo. Detiene la conversación, detiene el crecimiento, detiene la conexión, detiene la intimidad. Honestamente, creo que si sólo cambiamos nuestra orientación hacia el dolor entendiéndolo como un problema que hay que resolver y, sin embargo, lo vemos como un misterio, gran parte de nuestro lenguaje de apoyo podría seguir siendo el mismo.

No podemos librar una guerra contra el «problema» de la aflicción sin librarla en los corazones de la gente. Necesitamos dejar que lo verdadero sea verdad. Necesitamos encontrar maneras de compartir lo que sentimos en la devastadora experiencia de la pérdida, en nuestras propias vidas y en el mundo en general. Pasar de largo por lo que duele nunca conseguirá lo que más deseamos: sentirnos escuchados, acompañados y vistos por lo que somos, por el punto donde estamos.

Lo que necesitamos es reemplazar ese enfoque de dominio del dolor con una orientación misteriosa del amor: todas las partes del amor, especialmente las difíciles.

Inclinarse ante el misterio de la pena y el amor es una respuesta diferente para solucionarlo. Llegar a tu propio corazón roto con respeto y reverencia honra tu realidad. Te da espacio para ser exactamente como eres, sin necesidad de hacer limpieza ni de salir corriendo. Te permitirá relajarte. Lo insoportable se vuelve mucho más fácil de sobrellevar.

Todo esto parece demasiado intangible como para ser útil, pero encontrar el terreno intermedio de la pena sucede cuando nos damos la vuelta para enfrentarnos con ella directamente. Cuando permitimos que exista la realidad de la aflicción, podemos centrarnos en ayudarnos a nosotros mismos, y a los demás, a sobrevivir dentro del dolor.

UN MUNDO MEJOR

El nuevo modelo de dolor no piensa en limpiarlo y hacerlo desaparecer; se trata de encontrar formas nuevas para cohabitar con lo que duele. Se trata de encontrar la profundidad del amor necesario para presenciar el dolor del prójimo sin apresurarse a eliminarlo. Es estar al lado del prójimo ofreciéndole compañerismo.

Cambiar la forma en que llegamos al dolor crea un nuevo mundo basado en la soberanía y el parentesco, en la intensidad y la gracia. Cuando dejamos de resistirnos al sufrimiento nos sentimos libres para hacer cambios reales, cambios que nos ayuden a alinearnos con un mundo donde el sufrimiento se reduce y el amor es nuestra medicina.

Ese nuevo modelo de duelo nos permite brindarnos compasión a nosotros mismos y a los demás. Nos permite unirnos en todos los ámbitos de la vida. Llama a nuestro yo más profundo.

Puedo hacer que suene un tanto poético, pero la verdad es: ¿quién sabe qué tipo de mundo podríamos crear cuando nos enfrentemos por completo a nuestro corazón roto? ¿Qué cosas podrían cambiar? ¿Qué tipo de mundo podríamos hacer? Cuando la expresión del amor pleno, incluyendo perder lo que amamos, aparece ¿le damos espacio para que se desarrolle?

Nunca podremos cambiar la realidad del dolor. Pero podemos reducir el nivel de sufrimiento cuando nos permitimos hablar sin tapujos, sin ponerle una mordaza al corazón. Podemos dejar de escondernos unos de otros, en un intento equivocado por sentirnos «seguros». Podemos dejar de ocultar que somos humanos. Podemos crear un mundo en el que podamos decir: «Esto duele», y que nos escuchen sin juicio ni defensa. Podemos eliminar la acumulación de dolor que nos mantiene atrapados en relaciones superficiales y ciclos de desconexión. Podemos dejar de considerar al prójimo algo «ajeno» y en su lugar protegernos y apoyarnos unos a otros como una familia.

Obviamente no será un mundo con menos dolor. Pero será un mundo con mucha más belleza.

La autocompasión se acerca a nosotros, a nuestra experiencia interna, con amplitud, con la virtud de permitir lo que venga con dulzura. En lugar de nuestra tendencia habitual a superar las cosas, arreglarlas, hacer que desaparezcan, el camino de la compasión es totalmente diferente. La compasión lo permite.

ROBERT GONZALES, *Reflections on Living Compassion*

LO PERSONAL ES GLOBAL; LO GLOBAL ES PERSONAL

Cuanto más hablamos de la realidad del dolor, más fácil se vuelve. Cuantas más personas digan la verdad sobre lo difícil que es el proceso, lo difícil que es estar vivo, amar y perder, mejor será para todos. Incluso para aquellos que piensan que el duelo es un problema que hay que solucionar.

Los amigos, la familia, los libros, las respuestas culturales, son las herramientas más útiles, agradables y necesarias cuando ayudan a aquellos que están en duelo a sobrellevar su realidad, y menos útiles cuando intentan resolver lo que no tiene solución. El acercamiento a nosotros mismos en el propio dolor es muy útil, agradable y necesario cuando encontramos la forma de mantener el corazón abierto en medio de la pesadilla, para no perder de vista el amor en el naufragio.

Si vamos a vivir en este mundo, si vamos a superar esto juntos, si vamos a «salir adelante», necesitamos empezar a sentirnos más cómodos con el dolor. Tenemos que dejarlo pasar a través de nosotros, sin buscar razones ni resultados, sin echarle la culpa. Tenemos que dejar de marcar diferencias entre unos y otros frente a la pérdida. Tenemos que dejar que el conocimiento de nuestra fugaz y hermosa existencia sea parte real de la vida, no cosas de esas que les pasan a los demás.

Tenemos que encontrar la manera de mostrar nuestro dolor a los demás para honrar la realidad de nuestra propia experiencia. Tenemos que estar dispuestos a dejar de intentar disminuir nuestro propio dolor para que los demás puedan sentirse cómodos a nuestro alrededor.

Todo esto puede conseguirse de manera sustancialmente diferente según cada persona, pero podemos cambiar las cosas. Podemos amarnos los unos a los otros con pleno conocimiento de que la muerte llegará. Podemos amarnos los unos a los otros, sabiendo que sentir el dolor de la otra persona será un signo de conexión, no de perdición. Da un poco de miedo amar de esta manera, pero es la forma correcta de amar. Nuestras propias vidas personales y la vida en general, interconectada, nos exigen amar de esta manera. El terreno intermedio de la pena, el nuevo modelo de duelo, nos permite amarnos de esa manera. Es el único camino a seguir.

VUELTA A TI...

Estamos creando el nuevo modelo de duelo, ahora mismo, con estas palabras. Sé que no quisiste ser parte de la revolución. Sé que con gusto dejarías todo esto para recuperar tu antigua vida. Pero esto no es un comercio justo. Y te necesitamos. Necesitamos que reclames tu derecho a recibir apoyo de manera que honres a la persona que eres, a la persona que eras y a la persona en la que te vas a convertir tras tu pérdida. Encontrar tu propio camino intermedio te ayuda a ti y a todos los que llegan al mundo de la tristeza detrás de ti.

Las discusiones sobre la cultura del duelo son importantes. Ayudan a ubicarse dentro del analfabetismo emocional de nuestra cultura. Ayudan a saber que no estás loco, que no estás equivocado y que no estás roto. La cultura está rota, ¿pero y tú? Tú estás bien. Que estés sufriendo no cambia ese hecho.

Continuar buscando apoyo en tu dolor cuando todo el mundo trata de decirte que tienes un problema es un acto de feroz amor propio y tenacidad. La pena no es una señal de estar enfermo o no ser espiritualmente evolucionado. Es una señal de que el amor ha sido parte de tu vida y de tu firme decisión de que continúe siéndolo, incluso después de que tu mundo se haya roto.

Estás aquí ahora y es una mierda.

No hay muchas herramientas para el duelo temprano, pero alguna hay. Existen formas de llegar a ti mismo con amabilidad, de construir sobre lo que ya sabes de ti mismo para ayudarte a sobrevivir.

Espero que las herramientas y prácticas de este libro te ayuden a hacer un mapa de tu tercera vía, que encuentres tu propio terreno intermedio, sin condenas irremediables ni falsa positividad que te exija abandonar tus sentimientos.

No estoy diciendo que este libro pueda eliminar tu dolor. Al decir la verdad sobre la pena quiero que veas tu propio dolor reflejado en ti. Quiero que sientas, durante la lectura, que te han escuchado.

PARTE II

QUÉ HACER
CON TU DOLOR

EL MOMENTO ADECUADO: UNA NOTA
ANTES DE EMPEZAR

Devoré libros sobre el dolor y la pérdida inmediatamente tras la muerte de Matt. Los llegué a odiar todos. Me gustaba ir directamente al final de un libro para ver si el autor viudo se había vuelto a casar. Si lo había hecho, ya no me leía el libro porque, claramente, un caso así no podía ser extrapolable al mío. Lo que me gustaba era leer los primeros capítulos de un nuevo libro sobre duelo, para tirarlo con toda mi mala leche al ver los capítulos finales hablando sobre la reconstrucción de la vida y las grandes cosas que se pueden llegar a hacer gracias a la pérdida.

Pero el problema no siempre estaba en los libros. Hay muy buenos libros por ahí. El problema era que la mayoría de ellos hablan sobre el dolor posterior. Se centran en un momento en el que la existencia deja de ser tan violenta, cuando todo el polvo se ha asentado y el dolor no tiene la agudeza de lo inmediato. Ése es un buen momento para hablar sobre rehacer la vida o buscar una nueva vida, ciertamente. ¿Pero y cuando tu vida ha explotado recientemente? Entonces no es momento para libros sobre cómo construir un futuro glorioso.

Por consiguiente, es importante el momento adecuado para cada cosa: las ideas sobre cómo vivirás dentro de este dolor deben coincidir con lo que estás viviendo en el momento. Si algo (incluso en este mismo libro) te parece ofensivo, probablemente no sea una coincidencia afortunada dado el momento en que te encuentras: se produce un desajuste temporal. En los primeros días, la supervivencia es notablemente diferente de la supervivencia en las semanas, meses y años venideros. Mientras buscas cosas que te ayuden a sobrevivir a la pérdida, tal vez te preguntes qué es lo que necesitas con mayor urgencia y busques los recursos que te puedan ayudar.

Lo que pretendo en este libro no es borrar tu pena ni tampoco darte lecciones sobre el futuro que te espera. Mi libro está destinado a ayudarte a sobrevivir, aquí mismo, ahora mismo. Seguro que encuentras algo útil en estas palabras.

6

VIVIR LA REALIDAD
DE LA PÉRDIDA

La única manera que se me ocurre para empezar a hablar sobre la realidad del dolor es hablar de la aniquilación: hay un silencio, un silencio que todo lo impregna en el dolor inicial. La pérdida nos aturde más allá de lo que se puede expresar con palabras. No importa lo cuidadosamente que desarrolle mi discurso, nadie puede llegar al punto en el que estás. El lenguaje es una tapadera para la quietud aniquilada, y siempre resulta pobre.

Pero las palabras son todo lo que tenemos, lo único que tengo yo para conectar contigo en este lugar sombrío. Soy consciente de lo difícil que es esto, de que ninguna de mis palabras cambiará nada de tu situación.

También es verdad que el reconocimiento es una de las pocas cosas que realmente ayuda. Lo que estás viviendo no tiene arreglo. No se puede mejorar. No hay soluciones. Eso significa que nuestro curso de acción dentro del duelo es sólo uno: ayudarte a medir lo que es «normal» y encontrar maneras de apoyarte en tu devastación. Esta parte del libro trata de ayudar a sobrevivir en el extraño territorio del intenso dolor.

Referirse a la locura de este momento es importante en el sentido que nos ayuda a saber qué es lo normal cuando nada *es* normal.

En las secciones cortas de este capítulo, daremos respuesta a algunas de las preguntas, inquietudes y retos más comunes dentro del duelo. Es un poco como un juego de la oca, saltando de una rareza a otra, porque hay que hacer muchos malabarismos en el duelo porque el sufrimiento está por todos lados. Cuando creo que hay una herramienta, la incluyo. Donde no hay herramientas que valgan, el simple reconocimiento es la mejor medicina.

No he abordado todos los desafíos del duelo ni las preguntas sobre lo que es normal. Son demasiados. Si hay algo concreto que quieres que responda, por favor ponte en contacto conmigo personalmente.

« Tal vez te preguntes: ¿por qué la gente necesita conservar las cenizas? ¿No pueden simplemente deshacerse de ellas? Sí. Sí, cielo. Algún día llevaré esos huesos, esos dientes, ese cuerpo que tanto he amado al río o al bosque. Voy a liberar ese barco que tanto he amado, de muchas maneras diferentes. Pero en este momento, sus restos permanecen sellados de forma segura en una urna de plástico dentro de una bolsa de plástico dentro de una caja de cartón sellada con cinta adhesiva y una etiqueta con su nombre. Sacarlos es verte, ver el cuerpo que he amado, reducido a un estado permanente de cenizas. En este momento, no puedo dejarlo ir. No puedo dejar pasar esto. No puedo aceptarlo de ninguna manera. No puedo tragarme esta verdad, que te has ido, que la vida que planeamos se acabó. Si trato de mirar directamente este hecho (que me niego a dejar que se convierta en realidad), siento que una explosión está a punto de tener lugar dentro de mí, el mundo se agrieta y mis pulmones se llenan, y no puedo respirar. Todo lo que sé es que no puedo hacerlo. No puedo mirar directamente esta cuestión. Todo dentro de mí explotará y no puedo soportar tanto desgarro. Es muy grande. Es muy severo. Me está golpeando fuerte: el embalaje y el movimiento, el camión en mi entrada con tus cosas que se venderán en los próximos dos días, la cama en mi habitación, esperando ser reconstruida, tus fotos, tus cenizas, la gente clamando por ti, todas nuestras cosas amontonadas en varias habitaciones. Te has ido y no puedo asumirlo ahora. No puedo asumir que estabas aquí en un momento, y sólo un instante después te fuiste.

De mis primeras publicaciones

POR TODO LO QUE TUVISTE QUE HACER...

La gran cantidad de cosas que tienes que hacer cuando alguien se muere es alucinante. De alguna manera, las cosas se consiguen hacer. Te sientas con tus hijos, tu pareja o tus padres y dices las palabras que nunca deberías decir. Llamas a todos los de tu lista de teléfonos: recitando los hechos una y otra vez, simple y directamente. Hablas con reporteros, médicos y equipos de búsqueda. Compras al mejor precio posible la cremación o el entierro. Llamas a los caseros o a los vecinos, organizas funerales, buscas a alguien para que cuide al perro. Escribes elogios o rezas oraciones silenciosas.

No hay suficiente papel en el mundo para escribir todos los diminutos detalles que la muerte trae a tu vida. Una vez más, vuelvo al reconocimiento como la única forma de medicina que alivia: por todo lo que has tenido que hacer, cariño, lo siento mucho.

Está bien dejar que la gente te ayude hasta donde pueda si sientes que alivia parte de tu carga. Para algunos, cuidar de los pequeños detalles es el último acto de amor tangible e íntimo que pueden hacer por el difunto. No hay un camino ideal para estas cosas. Delega lo que te parezca insoportable y, siempre que sea posible, no permitas que nadie se haga cargo de actos íntimos importantes para ti.

≪Se acabó.
Probablemente fue mi madre quien contestó al teléfono. Pegaría un grito cuando escuchara la noticia. Mi padre debió de ir corriendo

desde otra habitación y se la encontraría llorando. Mi madre tendría que abrir la boca para contárselo, aunque no se pudiera entender lo que balbuceaba. Están sufriendo porque es doloroso, pero de alguna manera preguntaron a la mujer del teléfono dónde estaba yo. Dios mío, van a querer protegerme; Dios mío, la impotencia los va a atormentar, pero me van a llamar por teléfono a pesar de todo para decirme que me quieren, que se suben al coche y que vienen corriendo, vienen, vienen, se lo están contando a mi hermano, y vienen todos. Tres horas de viaje van a hacer para poder estar conmigo ahora.

Más tarde, esa noche, en el hospital, cuando fui capaz de respirar lo suficiente como para volver a hablar, busqué a tientas mi teléfono y comencé el largo proceso de hacerle saber a la gente que ella había muerto. Ella era muy popular y querida por una extensa y compleja red de amigos. Había tantas llamadas que hacer, y cada una provocaba una nueva onda de choque.

ERIC W., viudo a los treinta y siete años,
sobre la muerte accidental de su compañera, Lisa

CONTANDO LA HISTORIA

Te puede pasar que cuentes la historia de tu pérdida una y otra vez, incluso (o especialmente) a extraños, así al azar, a personas que acabas de conocer. O puede que, en tu mente, repases los acontecimientos que desencadenaron la pérdida, una y otra vez.

Todo esto es normal. Los humanos somos criaturas narradoras: por eso tenemos mitología, historias de creación y hacemos películas. Contando la historia de la pérdida una y otra vez es como si estuviéramos buscando un final alternativo. Una escapatoria. De algún modo, el resultado podría ser diferente. Aún podría cambiar. Quizá se nos ha pasado algo por alto. Si pudiéramos entender bien la historia, eso no pasaría.

No importa que no sea «lógico». La lógica no significa nada. Contar la historia nos parece tan necesario como tortuoso. *Es* necesario y tortuoso al mismo tiempo. Hablaremos más sobre esto en la sección sobre aflicción y ansiedad, pero por ahora, debes saber que es una parte normal del dolor. La repetición de la historia es como un mecanismo de seguridad, una forma de la mente creativa para intentar reordenar el mundo cuando éste se ha roto. Contamos la historia una y otra vez porque necesita ser contada, estamos buscando el sentido de lo que nos ha pasado, aunque no tenga sentido alguno.

Si no puedes contarle tu historia a otros, busca otra forma: escribirla, pintar, convertir el dolor en una novela gráfica con una historia muy oscura. O irte al bosque y contárselo a los árboles. Siempre es un alivio contar la historia sin que nadie intente arreglarla. Los árboles no preguntan «¿Y cómo lo llevas?». Al viento no le importa si lloras.

EL CAMPO DE MINAS

¿Cuántas veces te anima la gente a dejar de darle vueltas a la cabeza, o evitan decir el nombre de tu hijo para no «recordarte» que lo has perdido? ¡Como si pudieras olvidarlo ni por un instante!

Todos necesitamos un respiro. Evidentemente, no puedes regodearte en la pérdida cada segundo; el organismo no puede soportar semejante tormento. El problema es que el dolor está en todas partes durante las primeras etapas del duelo. No hay nada que no esté conectado con la pérdida. Intentar descansar de la pena fracasa miserablemente.

Ir al cine puede ser una experiencia especialmente cruel: vas por una película alegre, una comedia, y luego resulta que el personaje principal está viudo (como tú), o te das cuenta, a mitad de la peli, que no podrás bromear con tu hermana sobre el argumento (porque se ha muerto), o que tu hijo nunca la verá.

Cosas inofensivas y cotidianas te llegan a saturar: la primera vez que tienes que completar un formulario y te ves marcando la casilla de «viudo», o tienes que poner cuántos hijos tienes y tienes que poner uno menos. Por no hablar de cuando llegas a la parte de «contacto en caso de emergencia» y ya no tienes pareja ni nadie realmente cercano a quien poner. Luego te arrastras literalmente a una fiesta, pensando que necesitas salir y que será bueno hacer vida social, y todas las conversaciones acaban en el mismo tema: la muerte.

Y no pasa solamente cuando buscas distracciones: la vida cotidiana está llena de recordatorios, es como un campo de minas que los demás ni siquiera advierten. Cuando un ser querido muere, no sólo lo pierdes en el presente o en el pasado. Pierdes el futuro que deberías haber tenido con él. Ha desaparecido por completo de tu realidad. Ver a otras personas casarse, tener hijos, viajar, todo lo que esperabas de la vida con tu ser querido, desapareció y te recuerda tu drama. Ver a otros niños ir a la guardería, o graduarse, o casarse, todas esas cosas que su hijo debería haber hecho, pero nunca hará. Tus hijos nunca llegarán a conocer a su brillante tío; tu amigo nunca llegará a leer tu libro publicado. Cualquiera que sea la relación, ver la evidencia de esas mismas relaciones en el resto del mundo es brutal, resulta injusto e imposible de soportar.

Especialmente en los primeros días, el esfuerzo por unirse al mundo nuevamente es hercúleo y monumental. Ese campo de minas, dispersas por todas partes, son difíciles de enfrentar. La interacción humana suele ser agotadora. Mucha gente prefiere reducir notablemente su vida social, rechazando invitaciones a cualquier cosa. Incluso los extrovertidos acérrimos sienten la necesidad de estar más tiempo solos que antes.

Ten en cuenta que si el mundo exterior resulta demasiado duro o demasiado saturado de dolor, no es porque seas «demasiado sensible». El mundo está lleno de cosas relacionadas con tu pena. Si hay algo que te brinde un alivio o un respiro, no dudes en zambullirte en ello. No importa lo que sea. Encontrar un descanso en el dolor es muy difícil, pero esos pocos descansos ocasionales son necesarios. Un rato, un día (o más) dentro en un ámbito que te guste es muy saludable.

DUELO EN EL COLMADO

Suele presentarse como un factor de estrés el abordar una tarea de la vida cotidiana por sí sola: como ir al colmado de la esquina. En el duelo inicial, un «viaje simple» a la tienda de la esquina es todo menos sencillo: sabes que te vas a encontrar con un número más o menos grande de gente que te va a preguntar: «¡Ay, ya me he enterado… ¿Y cómo estás, cómo lo llevas?».

Esas preguntas, bien intencionadas pero intrusivas, sobre tu estado emocional interno pueden hacértelas en cualquier momento, sin importar que no te apetezca hablar de ello.

Es curioso, pero cada vez que menciono las dificultades específicas de ir a comprar comida, todo el mundo tiene su propia historia para explicar: algunos compran solamente pasadas las 10:00 de la noche para evitar a cualquier conocido; otros cogen el coche y se van a comprar a una hora de distancia sólo para poder comprar de forma anónima.

Ésta es otra cosa que la gente no piensa ni le preocupa: cómo un fallecimiento anormal o sorpresivo por inesperado se convierte en un tema de debate público. Cada vez que sales a la calle, la gente siente la necesidad de acercarse, preguntar y controlarlo todo. No importa si sois amigos o si os conocéis sólo de vista. De hecho, cuanto más distante es la relación, más condolencias y más charlas llenas de consejos y opiniones tienes que aguantar.

Yo tuve que dejar de comprar en una tienda concreta porque la amiga de un amigo mío trabajaba allí; si me veía, iniciaba sistemáticamente una prolongada investigación, fiscalizando sobre mi salud emocional, mis planes para el futuro y con preguntas sobre detalles íntimos entorno a lo que pasó realmente el día de autos. Evidentemente, podría haberle dicho que me dejara en paz de una puñetera vez, pero eso requería una energía, unas ganas y unas habilidades que no tenía en ese momento. Lo más fácil era comprar en otra tienda, lejos, donde no me conociera nadie.

¡No es de extrañar que el duelo sea tan agotador! No es sólo la pena intensa producto de la pérdida. Es la gran cantidad de pequeñas cosas que deben evitarse, tolerarse, planificarse. Imposible verlo desde fuera, pero aquellos de nosotros que hemos sufrido la pena de una pérdida severa lo entendemos completamente. Todos tenemos nuestras historias de agotamiento, evitación y la necesidad de no hablar.

Está bien evitar a la gente. Está bien, incluso es saludable, conducir una hora lejos de casa para hacer la compra desde el anonimato. Mereces esa distancia. Te mereces el derecho de contar tu historia cuándo y dónde mejor te parezca, con un buen escudo de protección mientras te mueves por el mundo sin querer hablar con nadie.

Lo que quiera que necesites para sentir esa protección es lo que debes hacer.

Y una cosa más acerca del colmado de la esquina: muchas personas se sienten desoladas al ver todas las cosas que ya no necesitan comprar para la persona que perdieron, ya no hay necesidad de sus galletas favoritas o su té de la mañana. Los carritos de la compra abandonados son bastante comunes en el mundo de los corazones afligidos. Ni siquiera con la entrega a domicilio (un gran invento, por cierto), puede evitarse ese vacío en la lista de la compra. Aquí se deben aplicar unas cuantas reglas de autoprotección: mantén tu propio ritmo, sal de la tienda cuando lo necesites (no importa lo lleno que esté tu carrito), y tómate tu tiempo después de la compra para respirar por lo difícil que te resulta todo esto. Las tareas más normales de vida te enfrentan a tu pérdida continuamente.

CUANDO ES HORA DE...

Debido a que nos dan tantos consejos y opiniones que no pedimos sobre el mundo del duelo, es fácil perder la noción de lo que realmente queremos. Mucha gente me escribe preguntándose cuándo es el «momento adecuado» para quitarse la alianza, o convertir la habitación del hijo fallecido en una habitación de invitados, o de dejar de referirse al hermano desaparecido en tiempo presente, como si estuviera vivo.

La respuesta muy sencilla: no hay un «momento adecuado».

No podemos esperar un momento preciso para encontrarnos bien, probablemente nunca habrá un momento ideal. Tampoco puedes poner tú mismo una fecha, como quien decide cuándo ir a algún sitio. Cuando intentas tomar una decisión de ese tipo no puedes esperar a sentirte bien.

A mí me gusta la métrica del vómito a la hora de tomar decisiones: si quitarte la alianza de boda te hace sentir ganas de vomitar, no te la quites. Si sientes pánico ante la idea de mover algo de la habitación de tu hijo, entonces no muevas nada. Si alguien te ha dicho que es hora de donar la ropa de tu hermana y te entran los siete males, no toques su armario.

No tienes que cambiar nada hasta que estés listo. En ocasiones, hay políticas familiares muy extrañas con las que lidiar, pero normalmente lo que hagas con las cosas de tu casa o con tu cuerpo depende de ti. Cuando tomas decisiones más importantes en tu vida, como vender la casa o cambiar de carrera, es asunto tuyo. Nunca hay un momento más adecuado que otro para esas cosas. Nunca es demasiado pronto ni demasiado tarde.

En esta misma línea, es perfectamente normal dejar las cosas exactamente como las dejó el ser querido que se fue. La evidencia de que estuvo aquí, que vivió, que fue parte de ti, es importante. Cuando tu mundo haya desaparecido, esas pequeñas cosas se convierten en un mundo entero.

Una amiga, cuyo marido se asfixió un año después de la muerte de Matt, me dijo que conservó el bote de salsa picante del marido con ella un montón de tiempo. No podía soportar ver la nevera sin el bote, a pesar de que nunca volvería lo utilizaría. Yo conservé la tarrina de helado Matt, que había comprado dos noches antes de morir, hasta que me dediqué a recorrer todo el país, cuatro años después.

¡Pasó casi un año antes de que cambiara las sábanas de la cama donde dormimos por última vez!

Cada cual hace lo que necesita hacer cuando lo necesita. Ni un momento antes. Uno nunca acaba sintiéndose lo suficientemente bien. Pero si te pone malo hacer algo, entonces no es el momento. Usa la métrica del vómito para tomar las decisiones que tengas que tomar y para las que crees que deberías tomar.

ANIVERSARIOS Y FUNERALES

¿Qué hacemos la fecha de su muerte? ¿Se supone que tendré que celebrar nuestro aniversario de bodas o su cumpleaños, incluso estando muertos? ¿Tienen cumpleaños los muertos?

Tanto mi madre como mi suegra querían que me emocionara y me involucrara en sus proyectos para conmemorar la vida de Matt, una emoción que yo no sentía, francamente. Cada vez que hablaban sobre plantar un árbol en el jardín, y sobre mi obligación de participar o asistir, tenía que ponerme muy seria: «No quiero un árbol estúpido. ¡Lo quiero a él! No me importa qué tipo de flores le gustarían en el jardín; ya no es su jardín». ¡Y la de veces que tuve que morderme la lengua y usar palabras educadas cuando un miembro lejano de la familia pretendía encargar un monumento o montar una ceremonia hiperreligiosa que hubiera hecho que incluso Matt perdiera los estribos!

Al final, por supuesto, nadie salía ganando; no importaba lo que se plantara o lo que se hiciera en su nombre, porque mi amor seguía estando muerto. Nunca regresaría.

No hay una sola manera correcta de honrar a alguien que has querido. Cada relación deja su marca; cada marca es sólo tuya. Tu forma de conmemorar una vida es correcta *solamente* para ti.

Una de las mejores cosas que me dijeron cuando me acerqué al primer aniversario de la muerte de Matt fue: «Tienes todo el derecho a irte, incluso si acabas de llegar, incluso si lo planeaste todo tú. No estás obligada a vivir esto de una manera concreta. Sal cuando lo necesites». Y gracias al permiso para irme, fue más fácil quedarme. No importa lo que hayas planeado, puedes cambiar de opinión en cualquier momento. También está bien no hacer planes, y ver que pasa y cómo te sientes cuando llegue esa fecha especial. A veces pasa que la preparación para una gran cita es más difícil que la cita misma. Quizá te apetezca hacer algo, quizá no. Puedes preguntar a otros familiares y amigos qué les gustaría hacer ese el día. Alentar la conversación, dejando espacio para la resistencia y el rechazo, es una manera elegante de medir cómo se siente la gente que te rodea por esas fechas. Para tu propia unidad familiar cercana (o, para ser franco, lo que queda de ella), incorpora elementos de la visión de cada miembro el día del aniversario.

Los demás podrán unirse a tus planes, pero recuerda que ellos también tendrán derecho a sus propias expresiones o a no participar en nada. Se merecen el derecho a declinar, alejarse, no participar. Cada cual siente la pena a su manera y cada cual tiene una forma diferente de conmemorar y reconocer a la persona que se ha ido. En la medida de tus posibilidades, respeta todas las formas de hacerlo, junto con tus propias necesidades.

Recuerda que nadie es 100 por 100 feliz. De hecho, los monumentos conmemorativos y los eventos de aniversario suelen ser un punto caliente: los ánimos se agravan, viejos problemas resurgen, las habilidades sociales se erosionan. Lo que sea que elijas hacer, o no hacer, hazlo lo mejor que puedas. Medita lo que podrías necesitar en un momento dado. Nada de esto es fácil, incluso si lo que has planeado sale bien.

LOS NIÑOS Y EL DUELO

También es cierto que no sólo puedes pensar en ti mismo. Sin importar su edad, los hijos se ven afectados por el duelo, ya sea por su propia pérdida o porque viven con los efectos del dolor en nosotros.

Mi hijastro cumplió dieciocho años tras la muerte de su padre. No es superjoven, pero en muchos sentidos sigue siendo un niño. El mundo exterior lo vio como un adulto ese día. Fue llamado para tomar decisiones que ningún niño debería tener que tomar a esa edad.

Siempre había sido bastante callado en cuanto a sus propios sentimientos, y su forma de vivir el duelo por su padre no fue una excepción. En las semanas y meses que siguieron al fallecimiento, hablamos *sobre* lo que había pasado. Hablamos sobre el mundo interno de la aflicción, y cómo la gente lo procesa de manera diversa. Su tendencia a la privacidad, además de su naturalidad de adolescente, implicaron que no dijera mucho sobre su padre. Y aún menos sobre sí mismo.

Dado que mi hijastro era mayor y se fue a vivir por su cuenta poco después de la muerte de Matt, no tuve las mismas preocupaciones que muchos de vosotros cuando hay que consolar a los hijos tras una pérdida. No tuve la angustia de ver crecer a un niño pequeño con pocos o ningún recuerdo físico. No me preocupaba cómo otros niños tratarían a mi hijastro en la escuela, ni cómo los maestros manejarían la pérdida. Me preocupa que su vida se desarrolle sin la guía de su padre, eso sí, pero sé que cumplió los dieciocho años absorbiendo la presencia e influencia de su padre. Sólo puedo esperar que el amor de su padre lo infunda, lo sostenga y lo ayude, incluso ahora.

Alguien me preguntó no hace mucho si creía que mi hijastro había «procesado» la muerte de su padre o si le continuaba afectando. ¿Cómo no le va a seguir afectando? ¡Si su padre sigue muerto!

Creo que siempre estamos buscando la evidencia de que nuestros hijos están bien. Los procesos emocionales, en su mayor parte, son internos. Una pérdida como ésta crecerá y cambiará dentro del corazón de nuestros hijos no sólo con el paso del tiempo, sino también gracias a su capacidad para absorber y responder a la muerte de sus padres o de un hermano.

Creo que todo lo que podemos hacer es seguir abiertos al dolor, a la muerte y al amor de la manera más apropiada según la edad de los niños. Podemos hacerles saber a nuestros hijos que nos pueden preguntar cualquier cosa. Podemos dejar que vean nuestro propio dolor con claridad para que piensen: «Esto duele y es normal sentirlo». Podemos preguntarles, sabiendo que es posible que no estén dispuestos a expresar lo que sienten.

A veces se necesita toda una vida para poder expresar lo que has perdido, para ver las múltiples formas en que la muerte de un miembro de la familia te ha cambiado. Espero que nuestro amor permanezca al lado de nuestros hijos, siempre. Que el amor de la persona que perdieron se quede también con ellos. Que aprendan a tolerar su propio dolor, les abran el corazón y escuchen su propia voz. Aunque nunca digan ni palabra.

Nota: Dado que no tenía niños pequeños en casa, no soy una experta en el efecto que la pérdida tiene en los niños. El mejor lugar que conozco para obtener información sobre cómo ayudar a los niños durante el duelo –de hecho, a las familias enteras– es el Centro Dougy en Oregón. Aunque sus oficinas centrales se encuentran en Portland, son una agencia internacional y pueden orientarte en la dirección correcta mientras navegas por tu propia pérdida.

HABLANDO DE LA FAMILIA...

En ocasiones, las familias tienen que unirse como una piña y cooperar tras la muerte de alguien o tras un acontecimiento catastrófico. Pero eso suele ser la excepción, no la regla. Nada descoloca tanto a una familia como la muerte. Temas como qué va a hacerse con el cuerpo (particularmente cuando el difunto no dejó instrucciones precisas de lo que quería que se hiciese), si habría que hacerle un memorial o monumento permanente, cómo se van a celebrar los aniversarios (y si se celebran) son motivo de agrias polémicas y deberán abordarse siempre con el máximo tacto, con mucho amor, delicadeza y comprensión. Tengamos en cuenta que el mundo ideal no existe aún.

La muerte introduce una especie de perro rabioso en las dinámicas familiares. Revienta relaciones que habían alcanzado un alto nivel de felicidad o de tolerancia y comprensión sumergiéndolas en luchas encarnizadas. Opiniones encontradas y necesidades antagónicas caen del cielo como por arte de magia. Cada cual necesita ser escuchado y tenido en cuenta. Las viejas rencillas resurgen con amargos reproches. Parientes alejados que nunca estaban presentes, salen de debajo de las piedras dando su opinión, exigiendo y ponderando. Gente que creías que había desaparecido hace años en su propio silencio, alza ahora la voz como si siempre hubiesen estado presentes.

La muerte sacude a todo el mundo en la familia.

Por experiencia propia y por todo lo que he escuchado de los demás, parece que el modo en que alguien se haya comportado antes de la muerte de un familiar se intensificará más tras ella. Las personas que tienden a ser tranquilas y racionales, permanecen tranquilas y racionales. Aquellos que intentan incluir diferentes puntos de vista, llegando a una discusión con compasión y paciencia, tienden a hacer más de lo mismo. Y aquellos que discuten, gritan, culpan a los demás y actúan con habilidades pobres, lo siguen haciendo.

Hay muchas formas diferentes de conflicto familiar en estas situaciones. No puedo mencionarlos todos. Tal vez, lo más eficaz es encontrar una solución para cada situación ofreciéndote formas de responder a ellas. En todos los desafíos interpersonales, relacionados con la muerte o no, mi consejo más habitual es comportarse de tal manera que puedas recordar la experiencia y sentir que utilizaste las mejores y más saludables habilidades de negociación, compasión y autodefensa. La forma en que te comportas bajo este tipo de estrés es lo único que está realmente bajo tu control.

■ ■ ■

Si te ves discutiendo sobre lo que está pasando y lo que tenéis que hacer, sé amable tanto con los demás como contigo mismo. Nadie sale ganando realmente en estas situaciones. No importa quién gane la batalla por los monumentos, por las propiedades y por las herencias, porque la persona que amas está muerta.

Éste es el momento de preguntarse cuál de estas batallas resulta más importante para ti y poner en eso toda tu energía. No es ni necesario ni útil luchar en cada batalla ni responder a cada desafío. A veces, ignorar el comportamiento deficiente o las exigencias ajenas es el acto más sabio. Pon tu mayor empeño en mantener límites saludables, expresar tus necesidades y alejarte de las guerras siempre que puedas. Si algo es importante para ti, aboga por ello y defiende tu familia, y recuerda que no importa cuál sea el resultado, tu conexión con la persona que has perdido nadie te la podrá arrebatar.

¿EL DUELO HA ROTO ALGUNAS DE TUS AMISTADES?

Normalmente, cuando se trata de dinámicas familiares intensas, te animo a que te apoyes en tus amigos más sensatos y fiables para mantener el control de la realidad para poder interactuar de manera sana con la gente. Espero que tengas al menos algunas de esas personas sensatas y cercanas en tu vida.

Y es uno de los aspectos más crueles de la pérdida intensa: en un momento en que más se necesita cercanía y apoyo, algunos amigos se comportan fatal e incluso desaparecen por completo. Te topas con decepciones y desacuerdos. Puede que resurjan viejos rencores. Las pequeñas grietas se convierten en abismos insalvables. La gente puede decirte las cosas más extrañas, más despectivas e hirientes.

Y es que el sufrimiento cambia las amistades. Para mucha gente, la pena rompe todo tipo de relaciones. Hablaremos más al respecto en la tercera parte, pero por ahora mencionaremos de pasada lo común y lo doloroso puede ser este aspecto del duelo. Tu pérdida se mezcla con la angustia –a menudo oculta y especialmente dolorosa– de las personas que te rodean. Tu dolor choca contra el suyo. Puede que no lo llamemos así directamente, pero eso es lo que sucede cuando las personas se comportan mal o no comprenden la inmensidad de la pérdida. E incluso cuando tus amigos quieren apoyarte, suelen carecer de las habilidades necesarias –sin importar lo sensatos que sean– para presenciar y soportar el dolor de los demás. Sentirse impotente ante la pérdida hace que la gente haga cosas muy raras.

No importa cuáles sean los motivos profundos, la pérdida de amigos que creías que soportarías en los buenos momentos se convierte en una angustia adicional. La injusticia de estas «pérdidas colaterales» hace que el dolor en sí mismo sea mucho más grande.

LA ÚNICA COSA SOBRE LA QUE A NADIE LE GUSTA HABLAR: LA RABIA

No puedo terminar este capítulo sin hablar sobre la ira y la rabia. Cierto que hay un montón de cosas sobre las que podríamos hablar en este capítulo, pero no hay espacio para todo. Sin embargo la rabia merece un lugar destacado. La realidad de la ira no está bien vista en nuestra cultura. No se supone que tengas que estar rabioso si se te muere un ser querido. Sólo se te permite sentir pena. No importa lo que haya pasado: mostrar rabia es impropio. Al igual que el dolor, la manifestación de la ira produce una gran incomodidad: en dosis pequeñas puede ser aceptable, pero debe desaparecer rápidamente, sin hacer mucho ruido.

Este boicot a la ira es ridículo.

Toda emoción es una respuesta a *algo*. La ira suele ser una respuesta al sentimiento de injusticia. Por supuesto que estás rabioso: lo que te ha pasado es injusto. No importa si la muerte es lógica y natural ni si hay una razón precisa para que la gente se vaya en un momento dado.

Al contrario de lo que opinan la psicología popular y el modelo médico predominante, la ira es saludable, normal y necesaria. Como con la mayoría de las emociones, si no recibe reconocimiento y apoyo, se vuelve hacia adentro, y allí dentro se fermenta y se acaba volviendo venenosa. Lo que no escuchamos (o nos negamos a escuchar) no desaparece; acabará encontrando otras formas de expresarse. La ira silenciada se une a una acumulación de emociones negativas, dando lugar a problemas de salud, desafíos relacionales y tormentos mentales. Las sensaciones negativas que experimentamos con la rabia provienen, en realidad, de la ira voluntariamente reprimida: la represión crea presión, y ésta crea comportamientos tóxicos que se alzan por encima de lo que debería ser una respuesta sana a la injusticia.

La ira, si se me permite la expresión, no es nada más que energía. Es una respuesta. Puede convertirse en un amor protector muy feroz para ti, para la persona que has perdido y, en algunos casos, te da energía para enfrentarte a lo que se te viene encima. Cuando se le muestra respeto y se le da su lugar, la ira cuenta una historia de amor y conexión, de anhelo por lo que se pierde. No hay nada de malo en eso.

Con todo esto quiero decir que tu rabia por la pérdida es normal y debe ser bienvenida. Es saludable. No es algo que tengas que controlar y reprimir para llegar a ser más «evolucionado» o para que te aguanten los que te rodean. Encuentra la forma de dar voz a tu sentimiento de injusticia. Cuando admitas abiertamente que estás muy cabreado, sin que nadie intente redimirte y convencerte de que no te enfades, no te retorcerás por dentro lleno de amargura.

Enfrentarte a tu propia rabia puede ser aterrador. Si te parece que no puedes hacerlo solo, apóyate en un amigo o en un terapeuta de confianza. Éste es un lugar donde tener un aliado es realmente útil. Está bien preguntarle a las personas cómo se sienten al hablar de su rabia, les permite saber si están preparados para escuchar, saber si pueden oír la verdad sin tratar de sacarlos de la ira antes de hablar.

¿Y TODO LO DEMÁS?

Este capítulo está destinado a dar sensación de normalidad en un momento totalmente anormal. Aunque no podemos hablar de todo aquí, sí podemos apuntar que la realidad subyacente de todo a lo que te enfrentas durante el duelo es… normal. El reconocimiento de tu propia realidad es, en sí mismo, una medicina poderosa. De hecho, es lo único que ayuda.

Los siguientes capítulos incluyen más detalles sobre los desafíos específicos que comporta el duelo: herramientas concretas para ayudarte a administrar lo que no tiene arreglo.[8]

8. Reglas generales para vivir en la aflicción: *véase* «Rules of Impact» en mi sitio web, Refugio en la aflicción, www.refugeingrief.com/rules-at-impact-how-to-survival-early-grief

7

NO PUEDES ELIMINAR EL DOLOR, PERO NO TIENES POR QUÉ SUFRIR

Aunque vives en la pena, sabes que no hay nada que arreglar: esto no tiene arreglo. Si bien la mayoría del apoyo que la gente brinda en el período de duelo (amigos y familiares bien intencionados) nos alienta a superar el dolor, el enfoque es completamente erróneo.

La forma correcta de vivir el duelo no es eliminar el dolor, sino intentar reducir el sufrimiento en la medida de lo posible. Entender la diferencia entre el dolor y el sufrimiento puede ayudarte a comprender qué cosas se pueden cambiar y qué cosas únicamente pueden sobrellevarse.

Al permitirte atender tu dolor sin creer que tienes que eliminarlo, te será más fácil de sobrellevar. Reducir el sufrimiento mientras se honra y apoya al dolor es el núcleo central de este libro y el enfoque de este capítulo.

« Éste es el tema recurrente: "¡Rápido! ¡Está sufriendo! ¡Hablémosle de ello! Vamos a decirle que las cosas mejorarán en el futuro. Vamos a recordarle que dé gracias por lo que tuvo. Vamos a decirle lo lista, divertida y simpática que es. Y vamos a asegurarle que encontrará otro novio, que estará siempre a su lado, roncando por las noches, despertándola con un beso de buenos días, acurrucándose para pasar cinco minutos más en la cama mientras ella se levanta a pasear al perro, porque sabemos que ahora está muy agobiada".

Estupendo. Vale. Muchas gracias por tan amables palabras. Realmente habéis aliviado mi sufrimiento que ni te imaginas. No veas cómo me habéis convencido...

La gente que yo quiero, ésa a la que acudiré una y otra vez, es la que de ninguna manera intenta "resolver" mi pena, ni arreglarla ni arreglarme a mí. No hace ningún intento por animarme ni me avergüenza diciéndome lo afortunada que fui en el pasado y que debería conformarme con eso. No me dice que las cosas mejorarán "luego" y que me queda aún mucha vida por vivir. No me recuerda que soy parte del ciclo de la vida. Como si eso importara, como si sirviera de algo toda esa mierda complaciente y condescendiente».

Extraído de «Pregunta, no lo cuentes: cómo ayudar
a quien está sufriendo» en www.refugeingrief.com

¿Y AHORA QUÉ HAGO?

Las primeras semanas y meses después de una muerte ilógica son un mundo en sí mismas. En ese momento de impacto inicial, pocas cosas consuelan. Las cosas que resultaban cómodas en el pasado se vuelven inútiles bajo el peso del dolor por la pérdida. Las palabras de consuelo sólo irritan. Los ánimos son inútiles. Los tópicos nunca ayudan.

La supervivencia en el duelo temprano tiene un espacio de maniobra muy pequeño. No es un momento ordinario y las reglas ordinarias no sirven. Inmerso en la pena, particularmente durante el duelo temprano, tienes muy poca energía para usar cualquier «herramientas» de ningún tipo. Y las herramientas pensadas para mejorar la situación suelen resultar más ofensivas que útiles.

Tópicos manidos, la famosa «autoayuda», consejos bien intencionados y sugerencias: *todo* está pensado para eliminar el dolor. Cada vez que hablamos de lo mucho que nos duele, alguien está allí para ayudarnos a que ese dolor desaparezca. En este tipo de modelo, el dolor es algo malo y debe eliminarse. Pero tu dolor es válido y no desaparecerá.

En su libro *The Body Keeps the Score*, Bessel van der Kolk escribe que el cuerpo necesita expresarse cuando se le expone a estímulos. Tiene que hacerlo. Necesita hacerlo. Cuando el cuerpo y la mente experimentan dolor, tenemos una necesidad biológica de expresarlo. El dolor al que no se le permite hablar y expresarse se alimenta de sí mismo y crea más problemas.

El dolor no reconocido y no escuchado nunca desaparece. Una de las razones por las que nuestra cultura está tan desorientada en relación al duelo es que tratamos de borrar la pena antes de haberle dado voz. Tenemos un retraso emocional incrustado en el corazón.

No puedes curar el dolor de alguien tratando de quitárselo. No puedes pasar por alto el dolor como si así pudieras alcanzar una forma de vida «mejor». La pena es dolorosa, es así como debe ser. Es una respuesta normal y saludable a la pérdida. La forma de sobrevivir es permitir que exista y no al tratar de encubrirla ni eliminarla.

En lugar de borrar el dolor, podríamos tratarlo como si fuera sano y normal, aceptándolo de manera compasiva y sencilla. Deberíamos acompañarnos dentro del dolor. Sólo aceptándolo podremos soportar lo que es insoportable.

DOLOR VERSUS SUFRIMIENTO: EL PRIMERO SE SOPORTA Y EL SEGUNDO SE ARREGLA

Y aquí es donde nos enfrentamos a nuestra necesidad innata de arreglar las cosas, nuestra necesidad de tomar medidas positivas en beneficio propio. Si no «arreglamos» el dolor, si no lo resolvemos, ¿estaremos condenados a una tortura sin tregua en el futuro?

Para nuestros propósitos aquí, es útil separar los conceptos de dolor y de sufrimiento. El dolor es puro y necesita apoyo en lugar de soluciones, pero el sufrimiento es diferente, es otra cosa. El sufrimiento puede ser reparado, o por lo menos significativamente reducido. Para diferenciar ambos conceptos, necesitamos definir algunos términos.

Hay enseñanzas sobre el sufrimiento en tradiciones diferentes, tanto seculares como religiosas. Ninguna discusión sobre el dolor y el sufrimiento, para mí, puede tener lugar sin pararse en el budismo y su específico lenguaje sobre sufrimiento.

Cuando Buda dijo: «Toda vida sufre por naturaleza y la manera de escapar al sufrimiento es abrazar la impermanencia», no estaba diciendo: «Haced el favor de ignorar el sufrimiento, haced ver que no estáis sufriendo». ¡No dijo cosa semejante! Lo que dijo es: «Si dejaras de lado tus apegos, no sufrirías por nada». Él comprendió el sufrimiento. Él comprendió el dolor. Quiso encontrar la manera de estar presente en ellos y responder. Responder sin titubear. Sin alejarse del abismo del sufrimiento presente en el mundo.

El Buda comprendió el dolor. Se preguntó: «¿Qué puedo hacer para no perder la cabeza y el corazón a causa del sufrimiento? ¿Cómo puedo mantener abiertos los ojos y el corazón sin que me consuma lo que veo? ¿Cómo puedo mantener la mirada fija en lo que no tiene arreglo?».

Su respuesta, en todo caso, fue el amor. Ama con las manos abiertas, con el corazón abierto, sabiendo que lo que te dé la vida va a morir tarde o temprano. Todo cambia. Amor en todos los casos. Experimentarás un dolor increíble en esta vida, en algún momento. Otra vez amor. Encuentra una manera de vivir aquí con este conocimiento. Incluye ese conocimiento. Amor a través del dolor. Debes estar dispuesto a no alejarte del dolor del mundo, el tuyo propio y el de los demás.

Las prácticas y herramientas que nos ofrece el budismo y otras tradiciones están destinadas a ayudarte a soportar el dolor de la vida, a mantener los ojos en lo que se ha roto sin ser consumido por la pena. El budismo no pretende eliminar el dolor para que seas «feliz», como nos quiere hacer creer la psicología.

Las herramientas budistas están destinadas a reducir el sufrimiento provocado por dolor, no a eliminar el dolor en sí.

Sufrimiento y el dolor no son lo mismo. Y esa distinción es el comienzo de una verdadera curación y apoyo en el proceso de duelo.

■ ■ ■

Como hemos dicho, el dolor es una respuesta normal y saludable cuando un ser querido se va de tu vida. Duele, pero eso no significa que el dolor sea *malo*.

Por el contrario, el sufrimiento aparece cuando nos sentimos desestimados o sin apoyo en nuestro dolor, y cuando nos revolcamos en la pena, cuestionando nuestras decisiones, nuestra «normalidad», nuestras acciones y reacciones.

El sufrimiento viene cuando te quieren obligar a que no sientas lo que sientes. El sufrimiento viene cuando te dicen que no es normal lo que sientes. El sufrimiento viene con toda la basura que nos echan encima amigos, colegas y extraños al azar que, con las mejores intenciones, corrigen, juzgan y asesoran sobre cómo debemos vivir mejor nuestro duelo. El sufrimiento también se produce cuando no comemos lo bastante, cuando no dormimos lo suficiente, cuando pasamos demasiado tiempo con personas tóxicas o preferimos no sentir tanto dolor. El sufrimiento viene cuando rememoramos los acontecimientos que condujeron a esa muerte, a esa pérdida, castigándonos a nosotros mismos por no haberlo podido evitar, por no saber más, por no hacer más. El sufrimiento trae ansiedad, miedo y aislamiento.

Si queremos mejorar el sufrimiento, tenemos que buscar un cambio.

EL GRAN EXPERIMENTO DEL DUELO

Una vez que hayamos hecho la distinción entre dolor y sufrimiento, deberemos responder a la pregunta «qué vamos ha *hacer*». La respuesta es bien sencilla: el dolor debe recibir apoyo; el sufrimiento debe ajustarse. No hay una sola forma de hacer estas cosas. Tu dolor es tan individual como tu amor. El camino correcto lo encontrarás tú, de una forma única y personalizada para tu mente, tu corazón y tu vida.

Ayuda pensar que se trata de un experimento, no como algo que te va a salir bien o mal. No importa cuántas veces hayas experimentado dolor en tu vida, tómatelo como si esta vez fuera la primera. El dolor por la muerte de un ser querido no se parece a ningún otro. Cada nueva experiencia se desarrolla y se atiende de la manera que mejor se adapte a lo que está doliendo.

Deberás averiguar cuál es la mejor manera de enfrentar tu pérdida. Tendrás que identificar qué es dolor –para prestarle apoyo–, y qué es sufrimiento –para cambiarlo–. Tendrás que hacerte preguntas y experimentar.

ESTO NO ES UNA PRUEBA

Es posible que oigas que lo que te ha pasado es una prueba…, una prueba de tu fe, una prueba de tu estabilidad emocional, una prueba existencial. Como si te estuvieras preparando para un examen final. Una «prueba» implica que el universo es cruel, que te han echado al mundo completamente impotente y que te están vigilando para ver si haces las cosas bien. Mirándote para ver cuánto te duele y cómo lo estás llevando. Te observan para ver lo bien que abordas su propio sufrimiento. Están atentos a ver si te sale bien.

Pero esto no es una prueba.

El dolor no es una prueba *de* amor; como mucho es un experimento de amor. Hay una gran diferencia entre ambas cosas. Fe experimental, relación experimental contigo mismo, con la vida, con el dolor, con el sufrimiento, con el amor, todo es un experimento. No es una prueba. En este caso no puedes suspender. No habrás fallado en ningún caso.

El objetivo de cualquier práctica, y también de este experimento, es ser lo más fuerte y más completo que puedas para soportar seguir viviendo la vida que te ha tocado. Tanto si hablamos de dolor como de sufrimiento, la orientación subyacente es la misma: permítete experimentar, encontrar las cosas que te ayuden, encontrar lo que te haga la existencia un poco más fácil. No porque vayas a estar estupendamente, sino porque el camino se te hará un poco más amable.

No hay una forma correcta de hacerlo. Otros han pasado por esto antes que tú y otros lo pasarán después, pero nadie vive el dolor o el amor de la misma manera que tú. El dolor es tan individual como el amor. Lo *único* que puedes hacer es experimentar.

Es un trabajo progresivo.

RECOPILAR DATOS

Experimentar con el dolor significa buscar cosas que traigan aunque sea la más mínima cantidad de alivio y paz al corazón y a la propia existencia. Estamos hablando de microcambios, que nadie se espere milagros: ¿qué te puede dar fuerza, ánimo o simple capacidad para enfrentarte al próximo minuto? ¿Y a los próximos cinco? ¿Te sientes mejor si escribes sobre tu dolor o te hace sentir peor? ¿Duermes mejor por la noche si antes das un paseo, o no?

Honestamente, debo decir que pensar en mi propio dolor, experimentar en los primeros días de duelo no era algo que hiciese conscientemente. Pero pensar en la pena como si fuera un experimento me ayudó bastante. Me hizo darme cuenta de que no había un camino correcto ni un camino incorrecto.

Una de las primeras cosas que puedes hacer estando inmerso en tu dolor es empezar a prestar atención a cambios sutiles en tu estado de ánimo. Hay veces en que las lágrimas brotan sin querer en momentos inoportunos, otras en que no puedes contener un grito interior, situaciones en las que estar con gente se convierte en misión imposible y los circuitos mentales llenos de rabia siguen rememorando el momento fatal. Esos momentos de ruptura de diques no ocurren porque sí, se van construyendo. Los efectos del dolor y el sufrimiento son acumulativos.

Si bien podemos pensar que el dolor estalla sin previo aviso, lo cierto es que siempre hay señales de advertencia bastante tempranas. Recopilar datos te ayudará a reconocer dichos signos.

La primera práctica concreta, consiste en llevar un registro de lo que sientes. Al principio, será un ejercicio de deconstrucción, es decir, que lo harás después de que te pase. Si, por ejemplo, te sientes completamente abrumado por el dolor, ¿puedes recordar la semana anterior y distinguir las señales que te advertían que estabas sobrecargándote? ¿Dónde estuvieron los factores estresantes adicionales, las cosas que erosionaron tu capacidad para encontrar descanso y no perder la estabilidad? ¿Cuáles fueron las pequeñas erupciones que tuvieron lugar antes de que explotaras?

Para mí, una señal de advertencia temprana era sentir una mayor irritación hacia humanos, animales y objetos inanimados. Las cosas simples que salían mal tenían un gran efecto en mí: cuantas más cosas salían mal, más me abrumaban, cada vez me fastidiaban chorradas más insignificantes. Cuando me estabilicé un poco me resultó mucho más fácil ignorar las tonterías y pasar de irritarme.

Siguiendo con este ejemplo, la irritación fue la señal que me indicaba que debía que alejarme de factores estresantes y arbitrarios en mi vida. Para mí significaba que probablemente necesitaba dormir más, comer más y mejor o tener menos contacto con la gente. Cuanto más notaba esos pequeños indicadores, mejor cuidaba de mí misma. Los veía como señales que me instaban a dar un paso atrás, hacer que mi mundo fuera más pequeño y más centrado en las preocupaciones importantes, en lugar de presionarme.

Si piensas en tu estabilidad, en tu capacidad para afrontar tu duelo, como si fuera una cuenta bancaria, cada interacción es un reintegro. Cada factor estresante es un reintegro. Reconocer las señales de que tu cuenta se está agotando es la mejor forma de prevenir (y calmar) tanto las crisis como la aflicción.

Recopilar datos también ayuda a hacer microcomparaciones de mejor o peor: ¿hay momentos en que te sientes más estable, más castigado, más capaz de descansar dentro de lo que cabe? ¿Algo –una persona, un lugar, una actividad– te aporta energía? ¿Hay actividades o interacciones que hacen que te tragues la situación con más suavidad? ¿Qué pasa antes y durante esos momentos? Por el contrario, ¿hay actividades o entornos que empeoran las cosas? ¿Qué elementos contribuyen a hacer que todo te parezca un asco?

Compruébalo contigo mismo; ten en cuenta cómo te sientes en diferentes momentos del día, y en qué circunstancias. Haz un mapa de tus interacciones sociales, cuánto tiempo de sueño consumes, cómo es tu alimentación (si es que te alimentas y no engulles porquerías de vez en cuando) y cómo pasas el tiempo. Tampoco vayas a obsesionarte; los barridos amplios pueden ser tan útiles como los detalles minuciosos.

Si no estás seguro de cómo empezar, puedes hacerte preguntas, por ejemplo: ¿cómo me siento después de ver a tal persona? ¿Me siento apoyado y centrado, o solo y agotado? ¿Hay momentos del día en los que estoy más tranquilo y otros más castigado? ¿Hay libros, películas o lugares que me liberan aunque sólo sea por un rato?

Tu registro puede ser más o menos así: *Fui al súper. Estaba lleno de gente. Vi a Fulanito y a Menganito Me sentí fatal, agobiadísimo. Hay demasiados recuerdos en ese súper. Me sentí expuesto. A la defensiva.*

Fui a la fiesta de Fulano, me metí en la cocina para ayudar: me sentí bien. Me gustó estar cerca de la gente, pero no específicamente con ellos. Hablé con mi suegra y tocamos el tema de la lápida; me sentí respaldado. Hablar de cualquier otra cosa es una locura (Nota: ¡evita hablar de sentimientos con ella!).

Esta mañana he ido a la playa. Me he sentido acompañado por algo indefinido, como si el agua tuviera vida consciente. He desayunado tostadas con mantequilla. He almorzado lo mismo, otra vez. Me he sentido como una mierda.

Asegúrate de percibir aquello que te proporcione un poco de paz y calma. Especialmente en las primeras fases del duelo, nada va a variar tu angustia. El peso del dolor inmóvil es exagerado. Sin embargo, puede haber momentos en los que te sientas más tranquilo, menos ansioso o que seas más amable contigo mismo. Recuerda que nuestro objetivo es reducir el sufrimiento y encontrar formas de aliviar el dolor. Si *algo* te parece menos malo (en el duelo inicial) o incluso un poco bueno, presta atención y recuérdalo para repetirlo.

Reunir todos los datos te ayuda a descubrir tu propia distinción personal entre dolor y sufrimiento. No olvides que el sufrimiento es arbitrario. Cartografiar las sutiles distinciones de lo que te ayuda y lo que no es cartografiar el propio sufrimiento: te permite saber qué se puede cambiar o evitar. Te permite saber *dónde* tienes control. Siempre que sea posible, evita las «cosas que no ayudan a disminuir tu sufrimiento», lo que te permitirá prestar más atención a tu propio dolor.

RECOPILA DATOS GENERALES

Para la próxima semana, lleva un registro de cómo te sientes a lo largo del día, en diferentes lugares y circunstancias, y en diversas situaciones sociales. ¿Qué notaste?

EVIDENCIA: EL RESULTADO ES MÁS IMPORTANTE QUE LA ACCIÓN

¿Cómo sabes que te está yendo bien, en lugar de dejarte llevar por el dolor?

Dado que nuestro objetivo ya no es el cese del dolor, descubrir un bienestar relativo dentro de la pena puede ser complicado. ¿Cómo sabes cuándo has conseguido cierta estabilidad emocional, teniendo en cuenta que te pasas el día llorando? ¿Cómo puedes saber si el dolor que sientes se debe a la pérdida real, o a que estás atrapado en un círculo vicioso de culpabilidad?

La recopilación de datos del anterior ejercicio te ayudará a reconocer las señales de advertencia temprana para que veas con mayor claridad lo que te ayuda y lo que no. Cierto es que, en un dolor intenso, puede ser difícil distinguir la diferencia entre «hacerlo bien» y empeorar las cosas. Es complicado separar el dolor del sufrimiento.

En ese caso, es útil observar el resultado de ciertas acciones, identificar los signos de sufrimiento y los signos de calma comparativa.

Aunque cada dolor es único, hay varios indicadores generales:

Evidencia de sufrimiento: falta de sueño, falta de apetito, apetito excesivo, pesadillas, pensamientos intrusivos, ansiedad, autoenjuiciamiento, reactividad emocional (la reactividad es diferente del dolor), mal genio, sentimiento de culpa desproporcionado en relación a la responsabilidad real, incapacidad para respirar a través de la emoción intensa o controlar la intensidad lo suficiente como para cuidarse a sí mismo, sentirse victimizado por el propio dolor o por las respuestas de los demás, sensación de que el dolor es demasiado grande para seguir viviendo.

Evidencia de calma relativa: estabilidad emocional, cuidarse a uno mismo, sentimiento de ser apoyado dentro del dolor, validación, sensación de descanso, comer lo suficiente para las necesidades básicas, aceptación del estado emocional (no importa cuál sea), la capacidad para responder a la mala conducta de los demás con una redirección o corrección clara, tomarse las cosas de forma menos personal, capacidad de compartimentar emociones intensas o alejamiento de la situación con el fin de atender a dicha emoción, sentido de conexión consigo mismo, con los demás y con aquellos que has perdido.

MEJORÍA FRENTE A EMPEORAMIENTO

Una de las mayores causas de sufrimiento en el dolor es la autolesión que nos infligimos con nuestros pensamientos.

ANOTA LAS EVIDENCIAS

Como parte del experimento de duelo, puede ser útil hacer una lista como ésta: en una columna, haz una lista de las señales que muestran que realmente estás sufriendo. En otra columna, pon una lista de signos de que te estás cuidando. ¿Qué evidencias de sufrimiento percibes (por ejemplo, no dormir bien, sentirse irritable, etc.)? ¿Qué evidencias muestran que estás haciendo todo lo posible para atender tu dolor (por ejemplo, sentirse descansado, capaz de ignorar cosas más fácilmente, etc.)? Para la próxima semana, lleva un registro de cómo te sientes a lo largo del día, en diferentes circunstancias, en lugares distintos y en diversas situaciones sociales. ¿Qué notaste?

(¿Acabas de decir, «Ay, es verdad»?).

Hablaremos más sobre desafíos específicos relacionados con la mente, como la ansiedad, los problemas de memoria y los pensamientos intrusivos en otros capítulos, pero éste es un buen momento para plantear el autojuicio, el escrutinio y la culpa.

En momentos de estrés, la mente puede ponerse realmente agresiva y comenzar a atacar por su cuenta. Al menos la mía sí. Las personas perspicaces y reflexivas tienden a ser mucho más duras con ellas mismas que los demás. En este caso, una mente aguda no es necesariamente una mente amistosa. Especialmente en muertes fuera de lo normal o inesperadas (pero también en muchas otras pérdidas), repetimos mentalmente los acontecimientos y nuestro papel en ellos, una y otra vez, y otra y otra… Lo procesamos todo: cada matiz, cada palabra, cada decisión. Yo luché no sólo con lo que sucedió ese día en el río, sino también con los intratables bucles mentales en los que me metía yo sola casi todos los días sobre lo bien o lo mal que estaba haciendo las cosas, si Matt pensaría que lo estaba haciendo bien o no, y lo más injusto fue que sentí que estaba siendo juzgada por su espíritu invisible.

La mente no siempre es un lugar feliz.

Es cierto lo que dicen en muchas tradiciones espirituales: la mente es la raíz del sufrimiento.

Incluso si parte de lo que tu mente te dice es verdad (y el 99,9 por 100 no es cierto), no hay razón para aumentar el sufrimiento con una serie implacable de pensamientos crueles y enjuiciadores. Las batallas de la imaginación que no se pueden ganar no son beneficiosas ni útiles.

■ ■ ■

Así las cosas, ¿cómo diferenciar los pensamientos no útiles de los pensamientos útiles? El lenguaje es un poco torpe, pero pienso en esto como una práctica en la que discernir pensamientos de bienestar frente a pensamientos nocivos. Los pensamientos negativos producen su dolor y añaden más estrés, aumentando el sufrimiento. Cada cual tiene su propia forma particular de atormentarse mentalmente, pero en realidad se trata solamente de una ansiedad elaborada sobre lo que podría suceder en el futuro o sobre lo que sucedió en el pasado. ¿Qué me perdí? ¿Por qué no hice algo diferente? ¿Cómo se supone que debo vivir con esto ahora? ¿Fue culpa mía? Ésos son los tipos de pensamientos que te aprisionan y te atormentan. No son útiles. Crean sufrimiento. Empeoran las cosas.

Los pensamientos positivos tienen el efecto opuesto: el dolor aún existe, pero la sensación de calma o quietud aumenta. Los pensamientos positivos son las historias, las ideas y las imágenes internas que te acercan más a ti mismo. Brindan una pequeña sensación de paz y arraigo, aumentando la capacidad para soportar el dolor en el que te encuentras.

¿QUÉ MARCA LA DIFERENCIA?

La razón por la que te hago pasar el tiempo recopilando datos es para que puedas identificar los momentos en que aumenta tu sufrimiento y los momentos en que el sufrimiento es más silencioso o manejable. Diferenciar el dolor del sufrimiento ayuda a comprender la conexión entre ciertas actividades y su impacto en tu dolor. Reconocer qué pensamientos lo hacen más fácil y qué pensamientos lo empeoran te permite centrar la mente más fácilmente, lejos del sufrimiento arbitrario.

INTENTA ESTO

MEJORÍA FRENTE A EMPEORAMIENTO

Tomando como ejemplo lo que identificaste en los dos últimos ejercicios, crea una lista paralela de lo que te hace sentir más sensato y lo que te hace volverte loco. ¿Cuáles son los pensamientos, ideas o imágenes que forman parte de la ecuación de empeoramiento? También puede, añadir las actividades de las listas anteriores, como pasar tiempo con ciertas personas, pasar mucho tiempo *online*, comer mal. Básicamente, cualquier cosa que te aleje del amor, te aleja de la amabilidad hacia ti mismo o te hace sentir que te estás volviendo loco.

En el otro lado de la página, enumera los pensamientos positivos, las ideas, las imágenes y las actividades que te ayudan a sentirte más arraigado y tranquilo. No voy a hacer grandes conjeturas sobre cómo debería ser tu lista. Eso lo sabrás tú porque eres quien lo padece. Sabes cuándo estás en tu propio interior. Sabes lo que te sienta mejor.

Escribe estas cosas en un momento de relativa calma o silencio: así, cuando el dolor sea demasiado grande, tendrás algo sólido a lo que recurrir para obtener ayuda. En lugar de buscar más sufrimiento, puedes redirigir tus pensamientos hacia el bienestar y elegir diferentes acciones de tu lista de cosas que no empeorarán las cosas.

¿Qué cosas aumentan el sufrimiento? ¿Qué te permite contener tu dolor suavemente?

Podemos tomar los ejercicios anteriores –cartografiar actividades e interacciones, evidenciar el sufrimiento y atenderlo bien, el bienestar frente al empeoramiento– y crear una especie de compás, una guía de supervivencia. La *coach* de la vida Martha Beck llama a este hallazgo «La Estrella del Norte Propia». Es una forma de reconocer tu propia evidencia del sufrimiento y darte un mapa para disminuirlo, particularmente cuando estás tan perdido en el dolor que ya no sabes qué hacer para sobrevivir.

Como documento compuesto, es una forma de reconocer cuándo el dolor se está volviendo insoportable, demasiado pesado: la evidencia del sufrimiento es clara. Te brinda un punto de partida sobre cómo ayudarte a ti mismo cuando las cosas van demasiado lejos: elige actividades que te hayan ayudado a conseguir un estado de relativa calma en el pasado reciente. ¿No duermes bien? Los datos demuestran que reducir el consumo de azúcar y mantenerse alejado del ordenador a altas horas de la noche ayuda a dormir un poco mejor. ¿Te sientes consumido por la ira y todo te parece injusto? Tus datos recopilados pueden demostrar que tu justificable enfado aumenta cuando pasas tiempo con «amigos» que juzgan o minimizan tu dolor. Para calmar ese tormento, puedes pasar ratos en entornos naturales, no humanos, donde no te sientas juzgado. Puedes optar por dedicar más tiempo a hacer cosas que presentan una mínima posibilidad de inducirte paz, y observa cómo funciona en ti.

ESTO ES UNA ESTUPIDEZ

Toda esta charla sobre recopilar datos y crearse una brújula puede parecer un ejercicio mental ridículo. Y de alguna manera, es eso exactamente. Pero ésa es la cuestión: no se supone que tengas que soportar un dolor tan intenso como éste sin ninguna herramienta ni ninguna forma de ayudarte a ti mismo. La única forma de saber qué es lo que puede reducir tu sufrimiento es preguntándose al respecto. Cartografiar el territorio.

Es cierto que ni la mejor lista del mundo no va a arreglar las cosas. Lo sé. Recuerda que esto es un experimento. Crear una lista de cosas que ayudan y de cosas que empeoran es como tener una brújula. Te da un punto de orientación tangible cuando la realidad de la vida y la pérdida se hacen demasiado grandes para que una sola persona las soporte. No arreglará nada, claro está. Pero podría ayudar, aunque sea sólo a ratos.

Lo que estamos intentando hacer aquí, lo que espero de ti, es que puedas encontrar algo de paz en este momento. Que tu sufrimiento pueda ser reducido. Que puedas atender tu dolor, tratarte a ti mismo con amabilidad. Que puedas mantener la mirada fija en lo que se ha roto sin caer en el abismo del sufrimiento que siempre empeora las cosas.

A medida que reúnas datos y comiences a observar lo que empeora las cosas en mayor o menos medida, es posible que veas que empiezan a aparecer patrones. Hay momentos en que te sientes más tranquilo y otras veces te pones nervioso. Y un momento no es más correcto o más «evolucionado emocionalmente» que el otro. Unas veces te sientes mejor y otras te sientes como una mierda. A veces eliges estar atascado en la basura porque no encuentras nada más para cuidarte. Totalmente valido. Haz lo que puedas.

A veces, con la pequeña cantidad de energía que tienes, lo único que puedes hacer es dirigirte hacia la salud mental y emocional. Ábrete en la dirección de la amabilidad hacia ti mismo. Es lo único que tienes que hacer. Céntrate solamente en eso. Gira hacia el bienestar y será suficiente. Sí cuenta.

8

CÓMO (Y POR QUÉ) SEGUIR VIVIENDO

El uso de herramientas para reducir el sufrimiento es una de las pocas acciones concretas que puedes llevar a cabo durante el duelo. Sin embargo, reducir el sufrimiento no elimina el dolor y éste puede ser inmenso.

Sobrevivir al duelo temprano es un esfuerzo brutal. Olvídate de dejar pasar el día; a veces el dolor es tan insoportable que lo máximo que puedes hacer es pensar en sobrellevar los siguientes minutos. En este capítulo, revisamos las herramientas para ayudarte a soportar el dolor en el que te encuentras, qué hacer cuando éste es demasiado intenso, y exploramos por qué la amabilidad con uno mismo es la medicina más necesaria y más difícil de conseguir.

DUELO Y TENDENCIA AL SUICIDIO: LO QUE NECESITAS SABER

El dolor afecta a tu mente, a tu cuerpo, a tus relaciones, a todo. La idea de interminables meses y años sin un ser querido es abrumadora. Saber que todos los demás siguen con sus vidas mientras tú sigues sentado entre los restos de quien tanto has amado resulta insoportable. La realidad es demasiado fuerte para aceptarla. Para mucha gente, levantarse cada mañana es una desilusión: «¡Maldita sea!, todavía estoy vivo». Pensamientos como ése tienen todo el sentido.

Sentir que preferirías no despertarte por la mañana es normal en una situación de dolor intenso, pero eso no significa que seas un suicida. No querer estar vivo no es lo mismo que querer estar muerto. Sin embargo, es difícil decírselo a la gente que no está de duelo, porque las personas, en general, se preocupan por tu seguridad y bienestar. Y como la gente tiende a enfadarse cuando hablamos de que no queremos estar vivos, acabamos por no mencionar el tema. Eso es peligroso.

La realidad dentro de la pena intensa es que tenemos que hablar de ella directamente. A veces no te importa si vives o si te mueres. No porque seas un suicida activo, sino porque vivir o morir *deja de importarte,* así de simple. Hay momentos dentro de la pena en los que parece más fácil simplemente ser imprudente, dejar que la muerte suceda, lanzar como una especie de desafío al universo para que «suceda lo que tenga que suceder». A veces no te importa en absoluto tu propia seguridad. Lo sé. Todos las palabras de ánimo de los demás sobre todo aquello por lo que tienes que vivir, que todavía hay cosas buenas en tu vida, son por completo irrelevantes. Ellos mismos son irrelevantes. Nadie puede alegrarse de la profundidad del dolor.

La supervivencia en el dolor temprano no consiste en mirar hacia el futuro. No se trata de encontrar algo que nos ilumine, que nos dé una razón para vivir. No funciona así. Dado que los estímulos ordinarios sobre el valor de la vida son irrelevantes, necesitarás otras formas de navegar por esos tiempos intensos, cuando el dolor amenaza con destruirte.

Mis momentos más intensos tenían lugar mientras conducía por la carretera. Lo que mantenía mis manos en el volante en esos instantes de «no puedo más» fue saber que no quería propiciar la aparición de otra persona en mis mismas circunstancias. No dejaba de conducir correctamente porque no quería dañar a otra persona. No quería crear otra viuda. No quería estropear la vida de otra persona ni causar dolor a nadie con un accidente mortal que podría implicar a un tercero inocente. No querer crear más dolor para otra persona era una motivación lo suficientemente fuerte como para tomar decisiones sensatas.

También hice un pacto con una compañera viuda: cuando nos viéramos en esos momentos de dolor abrumador, recurriría a la promesa que nos hicimos ambas de seguir vivas. Para no ser imprudentes. No porque el futuro fuera a ser mejor con el tiempo, sino porque no queríamos causar más dolor a otras personas. Nos necesitábamos la una a la otra. Necesitábamos saber que había gente anónima que dependía de nosotros para seguir viva. Nuestro compromiso mutuo nos ayudó a superar tiempos realmente malos.

Hay un aspecto del duelo que te lleva a no querer estar aquí, que incluso te tienta para ponerle fin a todo.

Sentirse poco feliz por estar vivo es normal. Por eso es importante tener al menos una persona con quien puedas ser honesto acerca de tu desinterés en la supervivencia. Decir la verdad te puede quitar presión. No importa lo intenso que sea tu deseo de desaparecer, vigila primero por la seguridad de los demás. Por favor, mantente vivo. Hazlo por ti mismo, puedes hacerlo. Hazlo por otros si es ésa tu obligación.

Recuerda: Sentir que preferirías no despertarte por la mañana es muy diferente de pensar en hacerte daño o suicidarte. Si estás pensando en hacerte daño, pide ayuda. Hay personas que han pasado por lo mismo que tú. La supervivencia puede tratarse de un minuto. Un minuto detrás de otro. Si necesitas ayuda para mantenerte vivo, llama al número de ayuda para la prevención del suicidio en tu área local. La mayoría de los países tienen líneas de ayuda nacionales, y la ayuda está siempre disponible en cualquier lugar donde haya acceso a Internet.

«No voy a matarme, pero puedo decirte que si un piano cayera del tejado de este edificio, pasaría caminando, no me apresuraría a salir del camino».

DAN, después de la muerte de su esposo, Michael

SOBREVIVIR AL DOLOR:
MANTENER LA MIRADA EN LO QUE SE HA ROTO

Para los dolores físicos tenemos todo un mar de analgésicos. Para el dolor real de la pena, tenemos… nada. Siempre me ha parecido extraño que tengamos una respuesta para casi todos los dolores físicos, pero para esto, uno de los dolores más intensos que podemos experimentar, no hay medicina. Se supone que debes sentirlo.

Y de alguna manera, eso es verdad. La respuesta al dolor es sentirlo y punto. Algunas tradiciones hablan de practicar la compasión frente al dolor, en lugar de tratar de arreglarlo. Según la enseñanza budista, la cuarta forma de compasión en los Brahma Viharas, o los cuatro inconmensurables, describe una aproximación a los diferentes tipos de dolor que no se pueden arreglar: *upekkha* o ecuanimidad. *Upekkha* es la práctica de mantenerse emocionalmente abierto y dar testimonio del dolor mientras se vive con ecuanimidad entorno a la capacidad limitada para efectuar un cambio. Esta forma de compasión, para uno mismo y para los demás, consiste en permanecer lo suficientemente calmado como para sentirlo todo, mantener la calma mientras se siente todo, sabiendo que no se puede cambiar.

Se dice que la ecuanimidad *(upekkha)* es la forma más difícil de compasión, la que más cuesta de enseñar y la más difícil de practicar. No es, como se entiende comúnmente, la ecuanimidad en el sentido de no verse afectado por lo que ha sucedido, sino que más bien es una cualidad de atención clara y calmada frente a la verdad inamovible. Cuando algo no se puede cambiar, la respuesta «iluminada» es prestar atención. Para sentirlo. Para girar hacia ello y decir: «Te veo».

Ése es el gran secreto del dolor: la respuesta al dolor está en el dolor. O, como E. E. Cummings escribió, la curación de la herida debe buscarse en la sangre de la herida misma. Todo esto parece demasiado intangible para ser útil, sin embargo, al permitir que el dolor exista, lo cambias de algún modo. Ser testigo del propio dolor empodera. El desafío es permanecer atento al corazón, en el propio yo profundo, incluso, y particularmente, cuando el yo se rompe. El dolor quiere ser escuchado. Merece ser escuchado. Negar o minimizar la realidad del dolor lo empeora. Decir la verdad acerca de la inmensidad del dolor, que es otra forma de prestar atención, hace las cosas diferentes, si no mejores.

Es importante detectar esos lugares y momentos en los que el dolor llega a ser tan insoportable, donde puede chupar tanta energía como lo hace. Deja que tu dolor se estire. Dale todo el espacio que necesita. Cuando tantos otros te dicen que tienes que ponerle riendas al dolor, piensa que escucharlo permite que tu dolor se extienda y se vuelva sanador. Es un alivio. Cuanto más te abras al dolor, cuanto más puedas estar con él, más podrás ofrecerte la ternura y el cuidado que necesitas para sobrevivir.

Tu dolor necesita su espacio. Necesita un lugar para desplegarse.

Creo que por eso estamos bien en lugares naturales, más grandes que nosotros. Sobre todo en períodos de duelo. La línea del horizonte en expansión, la sensación de espacio ilimitado, un paisaje amplio y profundo y lo suficientemente grande como para contener lo que es, eso es lo que necesitamos. En ocasiones, el propio universo no puede retener un dolor como el tuyo. Cierto. A veces el dolor necesita más que una galaxia. Sientes que tu dolor podría dar varias vueltas al universo entero. Ni las estrellas son lo suficientemente grandes como para abarcarlo. Con suficiente espacio para respirar, para poder expandirse, para ser él mismo, el dolor se suaviza. Ya no está confinado, puede salir de las barras de su jaula, puede dejar de defender su derecho a existir.

No puedes hacer nada más con tu dolor. Nada que debas hacer con respecto a éste. Simplemente existe. Dale tu atención, tu cuidado. Encuentra maneras de dejar que se estire, déjalo existir. Vive dentro de él. Nada que ver con eliminarlo.

La forma de llegar al dolor es con los ojos y el corazón abiertos, comprometiéndote a dar testimonio de tu propio mundo roto. No arreglarás nada. Pero cambiará todo.

ACERCARSE AL DOLOR:
¿QUÉ ME HARÁ FALTA?

La mayoría de las personas no ignoran intencionadamente el dolor. No queramos dar testimonio de ello; no estamos seguros de lo que necesitamos para enfrentarnos a él. El hecho de que dar espacio a la pena sea una habilidad no lineal, y por lo tanto algo amorfa, no significa que no requiera destreza.

Mi amiga y colega Mirabai Starr, autora de *Caravan of No Despair,* escribe en una publicación de su blog en su web:

> Mientras respiramos en la verdad de lo que había sucedido en nuestras vidas, seguros en la comunidad protectora que construimos juntos, empezamos a descubrir que lo insoportable era soportable, que susurrando «sí» en lugar de gritar «no», apareció una gracia inefable para llenar el espacio de nuestros corazones destrozados...
>
> Inténtalo. Si lo has probado antes, inténtalo de nuevo. Encuentra el dolor latente de la pérdida dentro de ti y ablándalo. Permítete explorar con cuidado y amor lo que se siente exactamente con semejante herida. Con compasión por ti mismo, desarma tu corazón herido y respira tranquilamente dentro de los restos. No hay necesidad de fórmulas sofisticadas o afirmaciones prescritas. Sin meta. Sólo ser. Aquí. Dentro del fuego de la pena. Un aliento frente al otro.[9]

Mirabai nos alienta a buscar el «dolor ardiente de la pérdida», pero afrontar ese dolor de cara, llegar a él con cuidado, sentir realmente la intensidad del peso y su forma, puede parecer desalentador. Incluso la idea de suavizar el dolor puede resultar aterradora. ¿Qué vas a encontrar allí? Si te ablandas, ¿encontrarás el camino de regreso?

---

9. *Véase* Mirabai Starr, «Softening into the Pain» (entrada de blog), 12 de enero de 2011, https://mirabaistarr.com/softening-into-the-pain/

Parte de este proceso es aprender a confiar en ti mismo. La confianza es realmente difícil cuando el universo se ha puesto patas arriba, así que no estoy hablando de la confianza de que todo saldrá bien, ni de que lo harás todo correctamente. De ningún modo. Yo me refiero a confiar en que no te abandonarás al dolor.

A veces, sólo necesitas saber que puedes cuidar de ti mismo. Pase lo que pase, te verás a ti mismo como si fueras la persona amada, cuidándote lo mejor que puedas. Repetir este proceso ayuda a fortalecer la confianza en ti mismo, y eso, a su vez, hace que sea más fácil afrontar el dolor. Te permite buscarlo con la intención de mirarlo con compasión.

En el trabajo de un trauma, nunca profundizamos en la discusión de los acontecimientos traumáticos reales hasta que la persona tenga un sólido marco de apoyo y una forma eficaz de manejar los sentimientos que surgen. Parte de la construcción de tu confianza en ti mismo radica en la creación de dicho marco, añadiendo seguridad a la posibilidad de buscar dolor.

Para buscar el dolor, sentirlo directamente con amor, ¿qué se necesitaría? ¿Qué necesitas para sentirte seguro o lo suficientemente fuerte como para suavizarlo? ¿Tiempo? ¿Intimidad? ¿Vino? ¿Un punto de apoyo en el otro lado? ¿Una garantía de resultado?

« Si quieres que respire en este naufragio, tengo que apoyarme en él, de frente. Colocar todo mi peso en los restos, dejar que me eleve y me sumerja. Significa revivir cada momento. Los más duros, oscuros y nítidos. Los felices antes de morir que traen un tipo específico de dolor. Significa estar embarazada otra vez. Contando los días. Pletórica de esa exquisita emoción, absolutamente única, del momento en que le ves la carita a tu hijo.

A veces quiero ir en busca del dolor. Quiero adobarme en él, permitir que penetre en mi piel. Es una especie de tónico. Una descarga del sistema. Una forma de demoler la base y partir de la nada. El cual, me atrevo a decir, a veces puede hacerte sentir bien en el otro extremo. Te recompensa al probar la intrepidez. Para no tener así nada que perder. El dolor te desarma, pero luego te embriaga. Porque, ¿qué más va a poder hacerme? Esta arrogancia es muy dura de ganar. Ahora soy una nueva tierra en la que ansío que se construya».

KATE SUDDES, estudiante de Writing Your Grief, sobre la muerte de su hijo, Paul

Responder las preguntas del mensaje anterior puede darte una idea de lo que necesitas para sentirte respaldado en cualquier cosa mala que tengas que enfrentar. Planificarlo todo de antemano te proporciona un punto de anclaje durante el evento y te asegura una red de seguridad para después del acontecimiento. Cuidarse de esta manera es como viajar en el tiempo: brinda a tu futuro yo el apoyo que necesita ahora, para que no tenga que pedirlo más tarde.

¡ES DEMASIADO!

El «trabajo» central del duelo realmente consiste en aprender a apoyarte dentro de él. Pero otra habilidad igualmente importante es cerrar el dolor, o las emociones, cuando no es seguro sentirlos. Por ejemplo porque estás en el trabajo, o estás lidiando con tus hijos/suegros/padres/vecinos conversadores, o estás conduciendo o trabajas con maquinaria. A veces, mantener la atención en tu desgarro es demasiado complicado de soportar. No me refiero a cerrar las emociones permanentemente como una solución a largo plazo (eso no funciona), sino a desconectarte por un momento y dejar de sentir la intensidad total de tu dolor porque en ese momento no es beneficioso. La negación puede ser la mejor opción en determinadas ocasiones. Distraerse es una estrategia de afrontamiento saludable.

Recuerdo el primer Día de San Valentín después de la muerte de Matt. En esa época comía tan poco que me resultaba imprescindible tener gran cantidad de comida rápida en casa, por si me aparecía el

APOYO EN LA DESTRUCCIÓN

Descubrir lo que necesitas no para sentirte «bien» con todo esto, sino acompañado y apoyado en medio de los restos del naufragio, es el trabajo ineludible para sobrevivir a la aflicción. Con el fin de explorar tus propias necesidades, puedes escribir respuestas a las preguntas que verás a continuación. O podrías responder al pasaje de Mirabai. Lo que sea que te llame la atención, escribe al respecto.

- ¿Qué necesitarías para sentir más apoyo en tu dolor? ¿Cómo podemos hacer que una situación imposible sea más amable, más suave y más fácil?

- Puedes abordar tu dolor como un ser independiente: «Para sentirme lo suficientemente seguro como para enfrentarte, necesitaría...».

- Puedes empezar con escritura libre, completando la frase: «Si quieres que respire en este naufragio...».

Éste también es un buen ejercicio cuando se acerca un aniversario o un evento difícil en el horizonte. A menudo, podemos superar cosas difíciles si sabemos que hay un final. Puedes establecer dicho final estableciendo una actividad o una cita con un amigo de confianza directamente después de lo que sea que tengas que pasar. Por ejemplo, si sabes que va a ser extremadamente duro reunirse con los abogados para el tema de la herencia, planea reunirte con un amigo para tomar café o dar un paseo después de la reunión. Ingiere algo de comida nutritiva después de la reunión. Haz cola para ver una película ridícula. Lo que sea.

impulso de comer. Me obligué a «reptar» hasta el súper. Noté que el aparcamiento parecía especialmente atestado, pero me obligué a entrar. Estaba completamente desconectada de cualquier acontecimiento social del mundo exterior, no tenía ni idea de que *era* el Día de San Valentín. Una vez dentro, me topé instantáneamente con un montón de parejas. Parejas enamoradas, o aparentemente enamoradas, de compras juntas, abrazados. Grandes carteles proclamaban el romance del día. Por todas partes veía parejas comentando amorosamente qué vino comprar o si deberían comprar ese bistec tan caro, orgánico y alimentado con pasto.

Y por todas partes constaté que Matt estaba muerto. Matt estaba muerto. Se acabaron las cenas románticas. No hay más comidas festivas. No hay nada de nada. Y no sólo eso, sino que sabía que cada una de estas relaciones amorosas acabaría con la muerte de uno de ellos. Parecía que las paredes empezaran a cerrarse a mi alrededor. No podía respirar. No pude contener el llanto.

Salí corriendo de la tienda, encontré mi coche y me metí dentro antes de que se rompieran las compuertas de lágrimas. Sabía que tenía un problema. Estaba casi histérica. Necesitaba que el dolor se detuviera. Sabía que no era seguro conducir. Ninguna de mis personas de apoyo me cogía el teléfono ni me contestaban los mensajes. ¡Claro que no! Estaban con sus parejas y con sus familias en el «Día de San Valentín».

Afortunadamente, a mi mente se le ocurrió un ejercicio que había enseñado un millón de veces en mi práctica terapéutica antes de que la muerte entrara en mi vida: cuando tu mundo interior se derrumba, concéntrate en el mundo tangible, externo y físico. Detén la crisis. Calma el cerebro. Detén el círculo vicioso.

Instantáneamente, los viejos hábitos retomaron en su lugar. Encuentra todas las cosas de color naranja que haya a tu alrededor. Nómbralas: Zapatos. Los números del cuentakilómetros. El logo en ese cartel de ahí. La chaqueta de esa mujer. Ese patinete. La fea bicicleta que pasa por delante. La imagen de fondo de un sello, sobresaliendo de un montón de cartas en el asiento del copiloto.

Podría haber elegido una letra del abecedario y haber nombrado todas las cosas que se me ocurrieran que empezaran por esa letra. O contar las rayas del parquin del súper. O coger el menú del restaurante tailandés que estaba en el cuelo del coche y nombrar los ingredientes de mis platos favoritos. Los objetos en sí mismos no importan. Lo que importa es que los objetos que eligiera no significasen nada y buscándolos, contándolos, me agarraba a un clavo ardiendo dentro de una tormenta emocional que no podría controlar si me enfrentaba a mis emociones por completo.

Cuando el dolor es demasiado grande para el entorno en el que estás, puede convertirse en una tsunami emocional. Los tsunamis emocionales no son lo que buscamos cuando sugiero darle un espacio al dolor. El dolor nunca es cómodo, pero ciertamente hay momentos en que es más fácil de atenderlo que otras.

NO TE CENTRES EN TU CUERPO; NO INTENTES ENCONTRAR TU «LUGAR FELIZ»

Cuando necesitas un ancla dentro de una tormenta emocional, no importa qué cosa física elijas; sólo importa que sea tan beneficioso y repetitivo como sea posible. A veces, en situaciones como ésta, los médicos y maestros recomiendan centrarse en la respiración o en las sensaciones del cuerpo físico. Sin embargo, cuando se trata de muerte, lesiones o enfermedades crónicas, dirigir la atención al cuerpo físico puede empeorar las cosas.

Durante el primer o segundo año tras la muerte de Matt, no podía meditar ni centrarme en visualizaciones que me sirvieran de aliento. Cuando lo intentaba, o me decían que lo hiciera, todo lo que podía ver, sentir o recordar era el cuerpo de Matt muerto. Centrarme en mi propio cuerpo me recordaba, visceral y dolorosamente, que Matt ya no tenía un cuerpo. Que mi propio cuerpo podría fallar en cualquier momento.

Algunas enseñanzas también sugieren que te imagines a ti mismo en un «lugar feliz», un lugar idílico, cuando te sientes abrumado por la pena. En el duelo temprano, es imposible encontrar un «lugar feliz».

No hay lugar al que tu pérdida no llegue. No hay nada que no esté ligado a la pérdida. Para mí, antes de que muriera Matt, mi lugar interno idílico era un sitio junto al río. Mi río interior fue destruido literalmente; nunca podría volver atrás y estar tranquila. Cualquier posibilidad de imaginar un lugar feliz fue aniquilada porque, atascada en la pérdida, nunca podría estar sola en un lugar feliz, y mucho menos llegar a él.

Cuando la vida se ha visto totalmente implosionada y reorganizada, no hay ni una sola cosa, ni un solo lugar, actividad o imagen idílica y calmada que no esté contaminada de alguna manera.

No me refiero a esto como una decepción, sino como un control de la realidad: las herramientas que funcionan fuera del duelo no siempre son útiles dentro de él. Por ello, conviene más centrarse en algo mundano y ordinario: hay menos posibilidades de que un ejercicio como éste genere más dolor cuando te centras en una cosa anodina, aburrida, repetitiva y fuera de tu propio cuerpo.

Recuerda que alejarte del dolor cuando es demasiado grande para la situación es beneficioso. Es una forma de prestarte atención, de cuidarte con amor y respeto. Navega a través de la inundación lo mejor que puedas, y vuelve al dolor cuando tengas los recursos y la capacidad suficiente para hacerlo.

BONDAD PARA CON UNO MISMO

He mencionado la bondad varias veces en este capítulo. ¿Te has dado cuenta?

Si pudiéramos resumir todo este libro para saber cómo sobrevivir al dolor intenso, se reduciría a esto: sé bueno contigo.

Cuidarse a sí mismo, mostrándote amable y tierno con tu propio dolor, no cambiará lo que es irreparable.

Pero por todo lo que has vivido, por todo lo que has tenido que hacer, las llamadas telefónicas, las decisiones, los planes para el funeral, la vida rota en un instante, por todo lo que has tenido que sufrir, te mereces amabilidad. Mereces el mayor cuidado y respeto. Mereces amor y atención.

Por más que lo intenten, las personas que te rodean no siempre son capaces de demostrar ese tipo de amor. El mundo mismo, con sus actos aleatorios de dolor, violencia y estrés general, no te mostrará ese tipo de amor. Pero puedes hacerlo tú.

Déjame ser en mi tristeza para que pueda ser amable.

PETER POUNCEY,
Reglas para ancianos a la espera: una novela

PUEDES SER AMABLE CONTIGO MISMO

Cuidarse a uno mismo es un ejercicio de bondad. Reconocer cuándo necesitas retroceder un poco es ser amable contigo. Tienes que permitir que tu dolor exista sin juicio, con confianza y diciendo que sí a lo que te ayuda y no a lo que te perjudica. Amabilidad significa no dejar que tu propia mente te dé una paliza.

La autocomplacencia es complicada. Podemos pasarnos el día hablando de que la gente merece amabilidad, pero cuando se trata de nosotros mismos… Entonces no. Sabemos demasiado sobre nuestros defectos, sobre cómo a veces hemos estropeado las cosas, lo mal que podemos hacerlo todo. Nos tratamos con más dureza de lo que permitimos que la gente nos trate. Todo el mundo choca con esto; no eres tú solo. Para mucha gente, ser amable con los demás es mucho más fácil.

¿Qué pasa si volvemos a la cuarta forma de compasión, *upekkha,* la ecuanimidad, que «presta atención tranquila a lo que no se puede cambiar»? Pues eso describe la amabilidad.

El dolor requiere amabilidad. Autocomplacencia. Por todo lo que has tenido que vivir.

La bondad hacia uno mismo te permite dormir tanto como necesites sin avergonzarte por ello. Te permite decir que no a un compromiso social. Te permite dar media vuelta justo después de haber llegado al aparcamiento, tras haber decidido que comprar comida es demasiado para que aguantes en este momento.

Puede significar darte manga ancha, no cumpliendo todas las obligaciones que te impones. También puede significar un pequeño empujón, salir del nido de las distracciones hacia el paisaje más grande de dolor.

¿Qué tipo de amabilidad cambiará tu compromiso con esas cosas? Ahí reside tu seguridad. Ahí está la estabilidad, dentro de este mundo extraño y sacudido. Sabiendo que no te irás.

La bondad no cambiará nada, pero facilitará las cosas en tu mente y en tu alma. ¿Puedes ser amable contigo mismo, aunque sea por un ratito? ¿Puedes preguntarte qué implicaría ser amable contigo mismo?

Vuélvete hacia ella, aunque no puedas permanecer todo el tiempo. Vuélvete en la dirección de la bondad. Aférrate a ella.

 Escribe tu respuesta a esta pregunta: ¿cómo sería la bondad contigo mismo, hoy, en este momento?

MANIFIESTO DEL CUIDADO PERSONAL

Como la amabilidad con uno mismo es tan difícil de practicar, es importante tener recordatorios diarios y tangibles.

En terapia, a menudo recordamos a la gente la analogía de la seguridad en los aviones: en momentos de peligro, colóquese la máscara de oxígeno antes de intentar ayudar a los demás. Dentro de tu dolor, debes anteponerte. Para sobrevivir, debes volverte feroz en el cuidado personal.

Un manifiesto de cuidado personal es una hoja de ruta para la supervivencia. Es una corrección inmediata cuando te sientes abrumado y perdido en el dolor. Es apoyo y estímulo para permanecer fiel a ti mismo, para seguir tus propias necesidades cuando el mundo exterior insiste en que hagas las cosas a su manera. Te ayuda a elegir bondad en vez de autoflagelación.

Llamarlo «manifiesto» es un pelín exagerado y rimbombante. Pero en serio: ser tajante con tus propias necesidades, ponerte en primer lugar, insistir en buscar tiempo y espacio para ti, es lo más importante.

Un manifiesto de autoestima puede ser tan breve como dos palabras: bondad y práctica. También puede ser una carta de amor para ti mismo o una lista de diez cosas o más que crees importante recordar.

INTENTA ESTO

MANIFIESTO DE AUTOCUIDADO

Si crearas tu propio manifiesto de cuidado personal, ¿qué incluirías? Escríbelo. Publícalo en alguna parte. Publícalo en todas partes. Practica diariamente. No importa cuántas veces hayas caído en el sufrimiento o hayas permitido que tu mente te maltrate, siempre puedes regresar a la bondad.

Que puedas ser amable con tu propio yo triste.

9

¿QUÉ LE HA PASADO
A MI MENTE?

Lidiar con los efectos
físicos del duelo

Las descripciones de las formas en que el duelo afecta al cuerpo y la mente no siempre son fáciles de encontrar. Este capítulo cubre algunos de los efectos más comunes (y extraños) del duelo y ofrece herramientas para ayudar a apoyar y nutrir el cuerpo y la mente a medida que navegamos por el nuevo panorama de la vida después de la pérdida.

DUELO Y BIOLOGÍA

A menudo pensamos que el dolor es principalmente un tema emocional, pero en realidad es una experiencia completa que abarca cuerpo y mente. No sólo ha desaparecido lo que has perdido; todo tu sistema fisiológico reacciona también. Las investigaciones neurobiológicas demuestran que perder a alguien cercano cambia nuestra bioquímica:

145

hay razones físicas reales para el insomnio, el agotamiento y la aceleración del corazón.[10] La respiración, la frecuencia cardíaca y las respuestas del sistema nervioso están parcialmente reguladas por el contacto cercano con personas y animales familiares; estas funciones cerebrales se ven profundamente afectadas cuando pierdes a alguien cercano.

El dolor afecta al apetito, la digestión, la presión arterial, la frecuencia cardíaca, la respiración, la fatiga muscular y el sueño, es decir, básicamente todo. El duelo afecta a todo el cuerpo.

Además de los efectos físicos, los cambios cognitivos, la pérdida de memoria, la confusión y la reducción en la capacidad de atención son comunes en la aflicción temprana. Algunos efectos incluso duran años, y es perfectamente normal.

Es cierto a muchos niveles: perder a alguien te cambia.

ESTAR «ENTRE DOS AGUAS»

El dolor temprano es un período liminar. Liminar (del latín *limen,* que significa «umbral») es la cualidad de ambigüedad o desorientación que tiene lugar cuando una persona ya no es quien fue pero todavía no se ha convertido en alguien distinto. En este tema, la manida metáfora de transformación de la mariposa *es* útil: podríamos decir que mientras está dentro del capullo, la oruga/mariposa se encuentra en un estado liminar, ya no es oruga pero aún no es mariposa. De la misma manera, nosotros no somos ni una cosa ni otra en el dolor temprano. Todo lo que hemos sido, tanto física como emocionalmente, está en transformación.

Tu cuerpo y tu mente están en un estado intermedio. Comprender lo que sucede puede ayudarte a tomar decisiones que respalden tu cuerpo físico a medida que se transforma tras una pérdida.

---

10. Para más información sobre neurobiología y apego, véase Thomas Lewis, Fari Amini y Richard Lannon, *A General Theory of Love* (Nueva York: Vintage, 2001).

AGOTAMIENTO E INSOMNIO

Dormir —más de la cuenta o muy poco— es un tema importante en el período de duelo. Este capítulo sobre el dolor y el cuerpo empieza con problemas de sueño porque no dormir lo suficiente, o dormir de manera exagerada, afecta la forma en que el cuerpo y la mente procesan una pérdida. El sueño es un momento de restauración para el cuerpo, y debe ser el primer punto para encontrar la mejoría cuando las cosas se desmoronan por completo.

En mis primeros días, el dolor impuso su propio horario de sueño. A menudo me despertaba a las diez de la noche, o me metía en la cama a las diez de la mañana, después de haberme levantado media hora antes. Cuando cambió el horario de verano, no me molesté en ajustar mis relojes. Lo único que pareció cumplirse de manera exacta, ese primer año (o más), fue que parecía despertarme a la misma hora todas las noches: a las 3:00.

Ni siquiera pude contar la cantidad de veces que me desperté con mi propio llanto.

Conseguir un sueño «lo suficientemente bueno» es importante, pero el dolor reacomoda el sueño: ya sea manteniéndote despierto o reduciendo sus horas de vigilia a un ratito corto entre siestas largas. Cuando duermes, el dolor se abre camino sin importar lo agotado que estés. Algunas personas descubren que se despiertan repetidamente en el momento en que su ser querido murió. Otros se despiertan y se quedan como en el vacío, se despiertan y sólo encuentran vacío. Muchas personas tienen un momento esperanzador y nebuloso al despertar, pensando que tal vez todo fue un sueño, para chocar luego con la realidad a ver que todo es real y que su mundo es una mierda.

Si estás sufriendo problemas de sueño, no estás solo. Dormir todo el tiempo o no poder dormir nunca lo suficiente son problemas completamente normales dentro del duelo.

Si necesitas dormir constantemente, tanto como lo permitan otras exigencias de la vida, hazlo. Duerme tanto como puedas, cuando puedas. El sueño ayuda al cuerpo a recuperarse, manteniendo la fortaleza y la salud todo lo posible. No es evitación o negación de la realidad: es restauración y respiro.

Si no puedes dormir o tienes pesadillas, no luches en contra. Tu cuerpo y tu mente están procesando muchas emociones. Es difícil dormir en esas circunstancias. Descansa tanto como te sea posible, cuando puedas, incluso si no puedes dormir profundamente. Hay cosas que puedes hacer para intentar quedarte dormido, pero como todos sabemos, el dolor no siempre obedece a reglas predecibles.

Ésta es un área donde tus médicos, tanto alopáticos como holísticos, pueden ayudarte. Habla con tus médicos de confianza sobre las diversas formas de favorecer un sueño reparador.

SUEÑOS Y PESADILLAS

Aunque dormir es aún más necesario durante una pena intensa que en otras circunstancias, las pesadillas entorno a la muerte pueden convertir el acto de dormir en algo que preferirías evitar. Los sueños recurrentes y los sueños que te hacen dar vueltas sobre la muerte una y otra vez, en realidad son una parte saludable y necesaria del duelo.

Son un palo. Lo sé.

Y los ciclos de sueño son las diferentes etapas en las que nuestras mentes trabajan para descomponer la realidad de la pérdida en trocitos digeribles. El psicoterapeuta James Hillman escribe: «Los sueños nos dicen dónde estamos, no qué hacer».[11] Las pesadillas no ofrecen soluciones ni presagian el futuro. Son el producto de la mente creativa y asociativa que trata de orientarse en el drama de la pérdida.

Pero la explicación no hace las cosas más fáciles. Todo tu sistema está trabajando a destajo para ayudarte a sobrevivir, y las pesadillas

---

11. James Hillman, *The Dream and the Underworld* (Nueva York: Harper & Row, 1979).

suelen ser parte de dicho proceso. Es saludable, aunque lo «sano» te parezca una porquería a veces.

Me encanta lo que el maestro Jon Bernie recomienda en estos casos: «Percíbelas; enfoca tu consciencia en ellas. ¡Pero no te revuelques! No te sumerjas y te regodees tratando de analizarlas». En realidad, no está hablando de pesadillas, pero se puede extrapolar. Cuando hayas tenido una pesadilla dolorosa, debes reconocerla, explicarla, mientras tu mente intenta procesar la pérdida. Algo tan simple como repetirte: «Mi mente está tratando de hacerle un sitio a la nueva situación», puede ayudar a calmar tu mente y el sistema nervioso cuando te despiertes horrorizado.

PROBLEMAS FÍSICOS: DUELO Y EL CUERPO

¿Te ha sorprendido la naturaleza física del dolor?

He escuchado a muchas personas afligidas que luchan con dolores y enfermedades «misteriosas», todas ellas atribuidas al sufrimiento y al estrés. Palpitaciones del corazón, dolores de cabeza, dolor de estómago, sensación de desvanecimiento y mareos; aunque no soy médico, puedo decir que estas dolencias parecen ser bastante comunes durante el duelo, especialmente en los primeros días. (Si te preocupan los síntomas físicos, habla con tu médico. El hecho de que puedan estar relacionados con el duelo no significa necesariamente que lo estén al 100 por 100). Tras la muerte de Matt, parecía haber heredado su acidez de estómago, su ciática y su úlcera habitual en el cuello. Ninguna de estas dolencias habían sido «mías» jamás antes de morir él. Y esos dolores adoptados no fueron los únicos cambios físicos en mi cuerpo.

Revisando algunos de mis diarios de los primeros días de duelo, me sorprende lo cansada que estaba. Cuánto dolor físico sufría: dolores musculares, dolores de cabeza y dolores fantasmales que podían aparecer en cualquier parte. Tuve que plantarme en urgencias por lo menos de cuatro veces en los primeros dos años, con violentos dolores de estómago, dolores en el pecho, cambios de visión, y las analíticas no revelaban nada, nunca.

Diagnóstico: estrés.

El efecto del estrés en el cuerpo está más que documentado. Muerte fuera de toda lógica, duelo inesperado, cambios brutales en la vida: es el descubrimiento del siglo decir que esas cosas causan *estrés*.

Tiene sentido que tu cuerpo se rebele: no puede con tanto.

Mucha gente nota que es su cuerpo, sus reacciones físicas y sus sensaciones, lo que la alerta de una fecha emocionalmente dura en el calendario. Es posible que no sepas conscientemente que hoy es día diecisiete del mes tal, pero has estado cansado y enfermo todo el día. Y cuando miras el calendario te das cuenta: es el día que entró en el hospital o cuando recibiste la primera llamada telefónica informándote que había fallecido.

El cuerpo recuerda. El cuerpo lo sabe.

En muchos sentidos, pienso en el cuerpo como en un recipiente que contiene todas estas experiencias. Que se rompa o que muestre síntomas de estrés tiene sentido si pensamos en lo que se le pide que aguante.

CAMBIOS DE PESO

—¡Ostras! ¡Estás divina! Has perdido peso. ¿Estás yendo al gimnasio o algo?

—No, es que mi compañero ha muerto.

—Bueno, sea lo que sea sigue así. ¡Estás guapísima!

No hay apetito «normal» en el duelo. Unos comen como locos en situaciones de estrés; otros, como yo, pierden todo interés en la comida. Yo perdí más de diez kilos en los primeros meses. Básicamente no comía. Los pocos nutrientes que ingería provenían, en gran medida, de la leche que le echaba al té y de algún bizcocho ocasional. Cada pocos días era capaz de comer alguna cosilla más.

Tuve la suerte de que no sufrí daños duraderos en mi cuerpo. Además, estuve vigilada por mi médica en este momento, que me dejó claro que intervendría si veía que me estaba pasando y me ponían en peligro. El cuerpo puede responder de manera diferente. Algunas personas desarrollan problemas físicos serios y duraderos debido a lo que llamamos «la dieta del duelo». Las complicaciones por exceso o por defecto pueden incluir diabetes, colesterol elevado, problemas respiratorios, todo tipo de dolencias que probablemente hayas escuchado un millón de veces. Cuando dejas de comer porque la comida da náuseas o cuando comes compulsivamente porque necesitas *distraerte,* tu cuerpo tiene que esforzarse más para mantenerse equilibrado y con los pies en la tierra.

Dicho eso, sé que no siempre se puede hacer mucho al respecto. Animar a comer bien funciona mejor que forzar a la persona afligida. El cuerpo necesita combustible para sobrevivir. Es posible que tu mente y tu cuerpo toleren más fácilmente pequeñas dosis de alimentos saludables y ricos en nutrientes que las comidas completas. En el caso contrario, puedes contemplar opciones alternativas a comer (una siesta, una caminata, llamar a alguien), en lugar de seguir engullendo más allá del hambre. Haz lo que puedas.

EL CUIDADO PERSONAL

El cuidado del cuerpo suele pasar a un segundo plano durante el duelo. Es difícil preocuparse por una dieta saludable, o motivarse para practicar meditación o cualquier otra técnica que reduzca el estrés. Puede que te preguntes «¿Para qué me sirve?» cuando has tenido que pasar por el mal trago de una pérdida repentina o un accidente inesperado.

La cuestión es que cuidar el organismo, el cuerpo, es una de las pocas maneras tangibles en que realmente puedes cambiar tu experiencia de dolor. Encontrar pequeñas formas de cuidar el cuerpo puede reducir el sufrimiento, aunque no cambie la punzada del dolor.

Recuerda que el cuidado del cuerpo es un acto de bondad (y mereces bondad). Haz lo que puedas y como puedas. Refiérete a tus respuestas en las preguntas y ejercicios del capítulo 7 para ayudarte a identificar cualquier patrón o hábito que pueda mejorar tu bienestar físico: lo que te ayudó un par de veces podría ayudarte de nuevo. Y asegúrate de consultar con tus médicos si tienes inquietudes específicas sobre tu estado físico.

DUELO Y CEREBRO: ¿POR QUÉ YA NO ERES QUIEN SOLÍAS SER?

Cuando Matt murió perdí la cabeza, y no como te imaginas.

Yo solía leer mucho. Solía tener mucha memoria. Solía acordarme de todo sin notas en el calendario. Solía ser una persona eficaz y, de repente, me vi guardando las llaves en el congelador, olvidándome del nombre de mi perro y sin saber qué día era o si había desayunado. No podía leer más de unas pocas frases y generalmente tenía que volver a leer el párrafo para enterarme. La que una vez fue una mujer capacitada y apasionada por el debate intelectual profundo ya no podía seguir las discusiones más simples. Ni siquiera era capaz de dar la cantidad de dinero correcto a la cajera del súper.

Mi mente dejó de funcionar de un día para otro. ¿Te ha pasado lo mismo? ¿Has perdido la cabeza?

En el mundo de las viudas, se usa el término «cerebro de viuda» (aunque ocurre en muchas otras pérdidas, no sólo de maridos); es un término excelente para describir los efectos cognitivos acumulativos del duelo. Si la pena ha estallado recientemente en tu vida –y cuando digo recientemente me refiero a cualquier cosa, desde ayer hasta hace unos pocos años– lo más probable es que descubras que tu cerebro no funciona, no rinde. Es posible que hayas sido brillante y organizado antes de la pérdida, capaz de realizar múltiples tareas, recordar, ejecutar.

Pero el dolor lo cambia todo.

LO PRIMERO ES LO PRIMERO: NO ESTÁS LOCO

Si tu mente ya no es lo que era, es completamente normal. No estás loco. Te *parece* que te estás volviendo loco porque estás viviendo una experiencia de locura. El duelo, concretamente el duelo temprano, no es un tiempo normal. Tiene perfecto sentido que tu mente no funcione de la manera en que solía hacerlo: todo ha cambiado. Por supuesto que estás desorientado. Tu mente está tratando de darle sentido a un mundo que ya no tiene sentido.

Debido a la forma en que el duelo afecta a la mente y a los procesos cognitivos, probablemente también hayas perdido interés en las cosas de las que solías disfrutar, tus facultades intelectuales pueden haber cambiado y tu memoria, así como tu capacidad de atención, pueden desaparecer virtualmente.

El dolor hace esas cosas. Reordena tu mente. Elimina los conjuntos de habilidades que has tenido desde la infancia. Incluso hace las cosas más simples difíciles de seguir. Hace que las cosas que alguna vez fueron familiares parezcan arbitrarias o confusas. Afecta a la memoria, a la capacidad para comunicarse, a las capacidades de interacción.

Si bien todo esto es normal, puede hacerte sentir que has perdido muchas de las cosas internas y personales que hacían de ti lo que eras.

PÉRDIDA DE MEMORIA

De repente hay un olvido torpe, una distracción, que vives penosamente. Las llaves en lugares incoherentes, los vasos colocados de forma extraña y cosas por el estilo son muy comunes. Has guardado la comida congelada en el lavavajillas cuando has vuelto del súper. Te presentas en el dentista el lunes, cuando la cita era el jueves de la semana siguiente.

No importa cómo era tu memoria a corto plazo antes de la pérdida, ahora puede haber cambiado por el duelo. Olvidar nombres, perder citas, no poder recordar si le diste al perro su medicamento esta mañana, todo eso es normal. Es como si recordar esos pequeños detalles fuera un «gasto extra», y tu mente ahora no da para tanto. Sólo puedes retener un número limitado de cosas, por lo que priorizas y olvidas lo que no es necesario para la supervivencia. Es una selección mental.

Éste es otro de los efectos secundarios físicos de la aflicción que parece mejorar progresivamente con el tiempo. A medida que vivas más lejos del episodio luctuoso, tu mente irá otorgándole más espacio a la memoria. El orden será irá viendo más o menos restaurado.

Mientras tanto, ir repartiendo recordatorios, alarmas y notas es una buena manera de aumentar la memoria externa. Tu necesidad de múltiples notas adhesivas y alarmas no es señal de que estés enfermo o te hayas vuelto tonto. Es una prueba de que estás poniendo remedio para apoyar a la mente y facilitarte las cosas. Cubre toda la casa con recordatorios si es necesario. No te ayudarán a encontrar las llaves, pero podrían ayudarte a recordar citas y cosas importantes.

AGOTAMIENTO MENTAL

Es posible que hayas sido una persona enormemente productiva en tu vida anterior. Ahora apenas puedes acabar una cosa en las horas que estás despierto. Es posible que te sientas abrumado por la gran cantidad de detalles que requieren atención. Mucha gente siente que ha perdido sus competencias, el impulso y la confianza anteriores.

Hay una razón por la que no puedes hacer tantas cosas como antes. Piénsalo de esta manera: digamos que tienes cien unidades de potencia cerebral al día. En este momento, con el duelo, el trauma, la tristeza, la ausencia, la soledad, gastas noventa y nueve unidades de energía. La unidad restante es todo lo que tienes para las habilidades mundanas y ordinarias de la vida. Ese circuito que queda es responsable de organizar los viajes en coche y los detalles del funeral. Tiene que mantenerte vivo, mantener tu corazón latiendo y acceder a tus habilidades cognitivas, sociales y relacionales. Tiene que ocuparse de cosas como que los utensilios de cocina se meten en el cajón y no en el congelador, que las llaves se han quedado debajo del lavabo, donde las dejaste cuando te quedaste sin papel higiénico, etc. Si lo piensas un momento, esas nimiedades no están en la lista de prioridades del cerebro.

Lógicamente estás agotado. Tu mente, como el resto de tu cuerpo, está haciendo todo lo que puede para funcionar y sobrevivir bajo severas circunstancias. Intenta no juzgar tus logros actuales en función de lo que eras antes. Ahora no eres aquella persona que *fuiste*. Ya volverás.

TIEMPO PERDIDO

Al mirar hacia atrás en tu día a día, es posible que no puedas expresar lo que ha hecho, lo que has conseguido. Cuando se te pregunta, es probable que no puedas dar razón de haber *hecho* algo. Recuerda que gran parte del trabajo del duelo temprano tiene lugar en tu mente, no en actos externos. Que no tengas ni idea de qué día es, o no puedas recordar cuándo comiste por última vez, tiene perfecto sentido. Es en esos lapsus de tiempo perdidos y aparentemente improductivos donde tu cuerpo y tu mente intentan integrar la pérdida: es casi como un ciclo de sueño despierto. La mente se desconecta para curarse.

Una vez más, volvemos a la idea de cuidar su organismo físico: cuídate lo mejor que puedas y piensa que la niebla de la pérdida de tiempo finalmente desaparecerá. Permitir que haya tiempo perdido, ceder a él, en lugar de luchar contra él, puede hacer las cosas más fáciles.

LEER O NO LEER

Toda mi vida he sido una lectora voraz. Los libros siempre han sido para mí una forma de apoyo constante. Pero el primer año tras la muerte de Matt, por lo menos, apenas podía leer una etiqueta, y mucho menos mantener la atención por un libro completo. Cuando lo intentaba, no entendía nada. A ver, no es que no «comprendiera» las palabras. Las reconocía, por separado. Sabía lo que estaba leyendo. Pero no se me quedaba el sentido de conjunto. A menudo necesitaba varios intentos con un mismo párrafo para entender el sentido general. Los personajes me confundían. Los guiones no tenían sentido. Llegaba al final de una línea y ya me había olvidado de la primera parte de la frase.

Oigo lo mismo de casi todo el mundo en los primeros días de duelo: el dolor borra la capacidad para leer, comprender y mantener la atención. Olvídate de leer varios libros a la vez, como solías hacer. Leer un capítulo, incluso una página, es un reto verdaderamente complejo.

De hecho, al redactar este libro, mi equipo y yo estuvimos discutiendo sobre cuánto espacio debería ocupar cada capítulo. Sabiendo lo difícil que es leer y la escasez de comprensión lectora, estudiamos juntos la longitud de cada capítulo. Hay tanto que decir sobre el duelo y tan poca capacidad para asimilarlo.

No importa la cantidad de libros que hayas sido capaz de leer antes de la pérdida, es probable que tu capacidad para leer se haya visto afectada por la aflicción. No hay mucho que puedas hacer al respecto. Para algunos, la comprensión lectora regresa con el tiempo, pero su capacidad de atención nunca vuelve a su estado original. Para la mayoría, la comprensión lectora y la capacidad de atención vuelven gradualmente, pero sus áreas de interés en lectura y aprendizaje toman caminos completamente nuevos.

Si estás preocupado por esta pérdida colateral de capacidad lectora, piensa que en la mayoría de los casos es transitoria. Date más tiempo para recuperar (o reconstruir) las capacidades de tu mente de lector.

LA CONFUSIÓN

La comprensión lectora no es lo único que se ve alterado por el duelo. En esos primeros meses, el mundo en sí mismo puede convertirse en un lugar extraño y confuso: recuerdo estar en la cola del súper completamente confundida con el dinero que tenía en la mano. Perdí la capacidad de contar. No podía entender qué me estaba pasando y me moría de vergüenza. Entendí que no sabía contar, las lágrimas empezaron a correr por mi cara y acabé por darle un fajo de billetes a la cajera.

La confusión mental y una especie de sensación de niebla cerebral son realmente comunes. Es como si todas nuestras invenciones humanas –como el dinero, el tiempo, las normas de conducción (y otras cosas), las expectativas sociales, las reglas de higiene– no tuvieran relación con nosotros.

Durante un tiempo estamos desquiciados con las fórmulas culturales que hemos establecido los humanos para vivir en sociedad. Las cosas que acordamos como cultura, como el comercio justo en alimentación o la hora del almuerzo al mediodía, se convierten en símbolos vacíos, sin relación intrínseca con nada real.

El dolor deja la vida desprovista de sus elementos esenciales e irreductibles. En ese estado visceral, la distancia con el mundo «normal» puede parecer insuperable. Es una verdad incómoda: no eres como los demás. Al menos no ahora mismo.

El mundo se ha partido en dos. Las cosas «ordinarias» para la gente que no está de duelo, aquellas que son una rutina inconsciente, no siempre tendrán sentido ni serán significativas para ti.

Tanto si dura un momento como si se te hace interminable, la confusión es normal. Emana de otros factores estresantes en tu vida, tareas emocionalmente duras que debes llevar a cabo y que se relacionan también con lo bien estás comiendo o durmiendo. Por eso hay que insistir en cuidar el cuerpo físico como si fuera un bebé: apoyar al cuerpo puede ayudar a reducir los síntomas perturbadores del duelo.

CREAR NUEVAS VÍAS COGNITIVAS

No soy neuróloga ni psiquiatra, pero como yo lo entiendo, la mente funciona estableciendo relaciones y reconociendo patrones. Cuando entra una nueva información, el cerebro la conecta con lo que ya sabemos. Normalmente este proceso es continuo: nunca lo notas conscientemente.

Durante el duelo, el cerebro tiene que codificar y cotejar una nueva realidad imposible en sí misma. Los datos presentados no parecen tener ningún sentido lógico. Nunca ha habido un episodio parecido a éste, por lo que no hay forma de conectarlo o relacionarlo con otra cosa. No encaja. El cerebro no puede *adaptarse* a esta nueva realidad extraña. Al igual que el corazón, el cerebro se resiste a la pérdida, no cree que pueda ser cierta.

Esas brechas en los procesos de memoria y pensamiento son la estrategia del cerebro tratando de hacer que los datos encajen en un mundo que no puede absorber la nueva información. Con el tiempo comprenderá que la pérdida no cabe dentro de las estructuras que antes tenía. Tendrá que crear nuevos caminos, nuevas relaciones mentales, conectando la pérdida con la persona en la que te estás convirtiendo poco a poco.

No estás loco. No estás roto. Tu cerebro está ocupado y le llevará un tiempo volver a estar completamente operativo.

Finalmente, tu mente se dará cuenta de que las llaves del coche no se guardan en el congelador.

De repente, leerás líneas enteras de nuevo, párrafos completos, sin tener que repetir las palabras para entender lo que dice el texto.

El dolor en sí mismo dejará de tener sentido, la pérdida misma no se intentará convertir en algo ordenado y sensato, sino que tu mente y tu corazón se adaptarán a ella. La pérdida será absorbida e integrada.

Justamente para eso está hecha tu mente: para adaptarse a las nuevas experiencias. No es bueno ni malo, es lo que tiene que *hacer*.

Para mucha gente tienen que pasar años antes de que su capacidad cognitiva completa vuelva a ser reconocible. También se pueden perder cosas en ese proceso. Algunas pérdidas cognitivas son temporales y otras implican que tu mente es diferente a medida que avanzas. Lo que tienes que recordar es que tu cerebro trabaja duro para darle sentido a algo que nunca puede tenerlo. Todos esos circuitos mentales que solían funcionar clara y rápidamente están haciendo todo lo posible para relacionarse con este mundo nuevo y completamente cambiado.

Tu mente está haciendo todo lo que puede para controlar la realidad cuando ésta es una locura. Sé paciente contigo mismo. Recuerda que es una respuesta normal a una situación estresante; no es un defecto tuyo.

No estás loco. Estás triste. Son cosas diferentes.

INTENTA ESTO

RECONOCER LA FÍSICA DEL DUELO Y LOS EFECTOS SECUNDARIOS MENTALES

¿Qué síntomas físicos has notado en tu duelo?

¿Cómo ha cambiado el dolor la forma en que funciona tu mente?

Si ya has pasado el impacto inicial del duelo, ¿cómo ha cambiado tu mente a medida que te acostumbras al peso del dolor?

La validación es poderosa dentro de la pena. ¿Cómo te sientes al escuchar historias (aquí y en otros lugares) que demuestran que tu experiencia es normal?

10

DUELO Y ANGUSTIA

Calmar la mente
cuando la lógica no funciona

El dolor cambia el cuerpo y la mente de maneras extrañas. La capacidad cognitiva no es la única función del cerebro que se vuelve inestable. La angustia, tanto si es algo nuevo para ti como si ya la habías experimentado antes de la pérdida, es un gran problema del duelo.

Yo he tenido que luchar mucho con la ansiedad.

Mientras conducía a casa desde la clase de posgrado, a altas horas de la noche, mi cerebro cansado visualizaba todo tipo de imágenes horribles y espantosas: cosas que casi me obligaban a parar el coche en el arcén, estando todavía muy lejos de casa. Me imaginaba que había dejado la cocina encendida doce horas antes, y la casa había salido ardiendo. Quizás aún estuviera en llamas en ese momento. Imágenes de mis animales sufriendo, muriendo abrasados, aparecían en mi cabeza.

Fue horroroso.

Con mucho trabajo por cuenta propia, perspicacia y una notable irritación con esa manía, encontré la manera de manejar dichos miedos. De hecho, me volví tan buena redirigiendo esos pensamientos oscuros que sentí que había cambiado completamente. No había tenido salidas de tono de ese estilo en más de una década.

Pocos meses antes de que Matt se ahogara, noté que esos miedos volvían. Salía de casa y era presa del pánico: los gatos se escapaban, se quedaban atrapados en algún lugar y morían de frío y hambre, solos y asustados. O mi perro era atropellado por un coche y yo no estaba allí para ayudarlo. Me preocupaba en exceso cuando Matt llegaba tarde. Me desviaba hacia fantasías negativas en lugar de centrarme en lo que realmente estaba sucediendo.

Me sorprendí en una espiral de pensamientos macabros un día, a principios de julio. En voz alta, dije: «¡Basta!». Repetí en voz alta lo que me había dicho a mí misma mil veces y lo mismo que repetía a mis clientes una y otra vez: «Preocuparse por lo que no ha pasado es inútil. Si sucede algo malo ya te preocuparás entonces. Es muy poco probable que ocurra algo horrible. Si pasa, ya te ocuparás de ello».

Siete días más tarde lo improbable sucedió. ¿Y sabes qué? Mis sensores de miedo no hicieron ningún ruido. No hubo pánico. No hubo angustia esa mañana. Nada. Me sentía completamente tranquila. Cuando más necesitaba mi aguda sensibilidad para las cosas malas, falló.

En los años siguientes, mi angustia alcanzó niveles estratosféricos. Me imaginaba que pasarían cosas muy malas. Imaginé que todos mis seres queridos desaparecían en un instante, todos los que conocía y amaba (incluida yo misma) estábamos en peligro o sufriendo o muertos. Estaba alerta por cualquier pequeña indicación de que las cosas iban a salir mal. No importaba que la ansiedad hubiera demostrado ser ineficaz a la hora de predecir una catástrofe. La ansiedad es una droga adictiva, que se vuelve más poderosa aun sabiendo que lo improbable *ocurre* y no hay nada que puedas hacer.

Te cuento esta historia porque apuesto a que te sientes identificado.

Los sentimientos de ansiedad son normales para aquellos que han sobrevivido a una pérdida o trauma intenso. Durante el duelo, el mundo entero puede parecer un lugar inseguro que requiere vigilancia constante: buscando señales de problemas, protegiéndose contra más pérdidas. Ensayas lo que harías si te enfrentaras a un trauma impensable *de nuevo*.

Si estás luchando con la ansiedad en pleno duelo, tal vez has tratado de calmarte pensando cosas positivas, recordándote lo bueno que hay a tu alrededor o confirmando la seguridad que te rodea en la vida cotidiana. Pero todo eso ya no funciona cuando has sufrido lo improbable. Accidentes anormales, muertes inesperadas, horribles acontecimientos dignos de las peores pesadilla: estas cosas suceden. Nos pasan a nosotros. A mí. A ti. Ansiedad, dolor y experiencia previa son una combinación difícil. Ya no confías en tus instintos. Las cosas terribles son posibles. La vigilancia constante puede parecer la única ruta a seguir. El peligro acecha por todas partes. La pérdida siempre está esperando. Tienes que estar preparado.

El problema es que, en lugar de ayudarte a sentirte seguro, el miedo perpetuo crea una vida pequeña, dura y dolorosa que no es más segura que otra vida. Tu mente se convierte en una exquisita herramienta de tortura. El futuro se desarrolla ante ti como una avalancha de cosas horribles. No puedes dormir con tanta angustia y el problema empeora porque no descansas. Es una espiral infernal de temores, intentos de volver a la lógica y el recordatorio de las cosas que salieron mal.

La angustia es agotadora. Es una asquerosidad. Y ni siquiera es útil por mucho que sea real. La ansiedad es claramente ineficaz para controlar el riesgo y predecir el peligro. La mayoría de nuestros miedos nunca se cumplen y, como escribí precedentemente, en emergencias reales, la ansiedad brilla por su ausencia.

Si la ansiedad es un predictor tan pobre, ¿por qué la tenemos? ¿Qué hace la angustia para parecer tan real, tan lógica y tan imposible de eliminar?

LOS CEREBROS HACEN LO QUE TIENEN QUE HACER... DEMASIADO BIEN

Ahí está la cosa: nuestra mente está *diseñada* para imaginar peligros, escenarios horrendos. En realidad, es una estrategia bastante brillante: estamos programados para imaginar cosas relativas a la seguridad para que no pongamos en riesgo nuestra integridad física. Imaginamos escenarios nefastos para evaluar el riesgo, para determinar lo que podríamos hacer en una determinada situación, para descifrar cómo resolveríamos un problema en caso de vida o muerte, de modo que no tengamos que probar dichos riesgos en vivo y en directo. Sobre la base de una vida menos amenazadora, el cerebro calcula lo que haríamos con los problemas cotidianos como forma de reducir el estrés en el cuerpo mismo. Su estrategia es: piensa en un problema, encuentra maneras de salir airoso y de hacerlo más manejable.

El cerebro es un mecanismo interno de supervivencia para la resolución de problemas. En sí es bonito.

Cuando existe un peligro claro y presente, nuestros cerebros desatan una cascada de hormonas para ayudarnos a escapar rápidamente. El sistema nervioso se pone en alerta máxima. Un cerebro sano que funciona correctamente nos ayudará a escapar del peligro o luchar contra lo que sea que esté amenazando nuestra seguridad. Una vez pasado el peligro, el cuerpo regresará a su estado de calma, sin angustia ni estrés.

Esa cascada de hormonas y su respuesta resultante (huida o ataque) pueden desencadenarse también cuando *imaginamos* situaciones estresantes, peligrosas o amenazantes. A veces es útil imaginar un peligro potencial, siempre que sea realista. Sin embargo, el problema es que, cuando ya hemos experimentado una situación verdaderamente peligrosa, abusamos de dichas habilidades imaginativas. Cada vez que visualizamos múltiples desastres *potenciales,* peligros horribles, todas las formas en que las cosas pueden salir mal, le estamos diciendo a nuestro sistema nervioso que existe un peligro real, claro y presente. Solicitamos ese flujo de hormonas que nos ayudará a escapar. Pero no se puede huir de un peligro imaginario, por lo que las hormonas del estrés nunca desaparecen. Te imaginas más y más y más peligros, haciendo que el cuerpo actúe y no llegue a entrar nunca en acción; y de ese modo es imposible volver a «estar tranquilo y sereno».

Empujamos el cerebro al agotamiento, tratando de mantenernos a salvo de... nada.

Es como rascarse un grano: rascándose la erupción pica más, lo que te lleva a rascarte más, y así te pica más aún. Los pensamientos de miedo crean una respuesta cerebral, que empuja a una respuesta del cuerpo, que condiciona tus pensamientos generando más miedos, lo cual inicia el ciclo nuevamente.

Y ésta es la razón por la cual no puedes hablar de tu angustia. También es la razón por la que nunca se van a acabar los terribles problemas por resolver: tu mente está atrapada en un proceso de creación propia, siempre con nuevas amenazas que gestionar.

IMAGINAR PELIGROS PARA SENTIRSE SEGURO

Si es ineficaz y horrible vivir con miedo, ¿por qué nos hacemos esto a nosotros mismos? No tiene lógica, ¿verdad? Honestamente, lo que estamos buscando con cualquier tipo de angustia es seguridad. Ya sea seguridad física o seguridad emocional, todos queremos saber que estamos seguros, atendidos y que no nos veremos desamparados, sin amor ni protección. Nuestra mente inventa escenarios, a menudo recurrentes, en los que *no* estamos seguros, en los que podemos ser heridos de alguna manera, para encontrar alguna evidencia que demuestre que estamos a salvo.

Extrañamente, es una respuesta comprensible. Algo en tu mente dice: «Tengo miedo», y el cerebro responde con una cascada de imágenes y hormonas para ayudarte a encontrar seguridad. Debido a que, en algún momento, has experimentado el mundo como drásticamente inseguro, cuando un miedo se resuelve la mente se inventa otro miedo, en un intento perpetuo de conseguir seguridad: es una herramienta natural de inclinación a la supervivencia.

Por supuesto que estás angustiado. Después de una muerte u otra pérdida severa, el concepto de «seguridad» pierde sentido. Ya no puedes confiar en las viejas comodidades creyendo que es poco probable que tus temores se hagan realidad. No puedes apoyarte en el riesgo estadísticamente bajo de que tengan lugar ciertas enfermedades o accidentes. El hecho de que haber visto a tu gente sana y salva hace media hora no significa que *todavía* lo esté. Cuando la seguridad te ha fallado una vez, ¿cómo vas a estar seguro en lo sucesivo?

No es que la angustia sea *incorrecta;* el problema es que no es efectiva para procurarte la seguridad que buscas. Ahí está la cosa: no importa lo que te diga tu angustia, ensayar un desastre no te salvará de éste si se presenta. Verificar repetidamente que están bien nunca te creará una sensación duradera de seguridad.

APROXIMACIÓN A LA ANGUSTIA A CORTO PLAZO

Debido a que la ansiedad es un mecanismo de supervivencia que se descontrola, no funcionará decirte que tienes pararlo, así por la cara: si niegas tus miedos, se volverán más ruidosos. No puedes aplicar la lógica a un sistema basado en el miedo. Tampoco funcionará rodear a todos los que quieres en una burbuja protectora sin perderlos nunca de vista. En lugar de suprimir tus temores o tratar de conseguir desesperadamente que el mundo que te rodea sea seguro, hay cosas que puedes hacer para mejorar tu sensación interior de seguridad al tiempo mantienes un estado de alerta desde la calma.

Dado que estás leyendo este capítulo, supongo que estarás lidiando con la angustia activa. Durante la ansiedad activa, no siempre resulta útil llevar a cabo algunas de las prácticas complejas que describiré más adelante, en este capítulo. Dichos enfoques te ayudarán a volver a entrenar la mente hacia patrones más estable y neutrales, a fin que no te sumerjas en la angustia con tanta frecuencia. Pero ¿qué hacemos si ya estás sumergido en ella? Calmar la mente cuando ya estás en una espiral de ansiedad y cuidar mucho de ti mismo puede ayudarte a corto plazo.

Calmar el sistema

Recuerda que la angustia es una respuesta del sistema nervioso basada en un peligro imaginado por el cerebro. No es lógico, es *biológico*. Los estudios, tanto en ciencias del trauma como en neurobiología, muestran que modificar la respiración ayuda a calmar el sistema nervioso cuando está agitado, como ocurre durante la ansiedad aguda. Podría presentar toda la ciencia vanguardista del cerebro aquí, pero lo realmente importante es que alargar la espiración alivia el sistema nervioso, desconectando la avalancha de hormonas del estrés que desencadenan la angustia.

Cuando te sientas angustiado, espira lentamente más de lo que inspiras.

Es así de simple. Y eso es bueno porque cuando sientes que te estás volviendo loco, recordar una dirección simple es mucho más fácil que recordar gran cantidad de citas o cosas que hacer. Espirar más largamente de lo que se inspira alivia la respuesta automática de huida o ataque del sistema nervioso, y concentrarse en la respiración aporta un punto de anclaje a la mente en lugar de instalarse en pensamientos angustiosos. Esta sencillez es genial: una opción, bajo tu control, accesible en todo momento.

Durante la ansiedad aguda («aguda» significa que el cerebro entra en estado de pánico) también puede combatirse con algunos ejercicios de anclaje y calma que mencionamos en el capítulo 8. Si combinas uno de ellos con la prolongación de la espiración, ayudarás tanto a tu cuerpo como a tu cerebro para que recuperen la serenidad.

¿Te aterroriza la idea de estar tranquilo porque es posible que te pierdas las señales de algo peligroso?

Recuerda que calmar tu ansiedad no está relacionado, ni de lejos, con que pase algo malo. Calmar la ansiedad es sólo eso: *calmarla*. La locura del miedo te impide estar presente en lo que realmente está pasando y te impide definitivamente disfrutar de cualquier cosa buena que esté pasando en este momento. La angustia también agota tus reservas de energía, dificulta el sueño y, en general, te hace sentir fatal. No quiero eso para ti.

Si no te interesa nada más de este capítulo, practica espirando más prolongadamente de lo que inspiras. Ni siquiera tiene que ser una respiración profunda: sólo espira por un rato más. Experiméntalo.

Cuidar el organismo

Reconocer la angustia como un *síntoma* de algo más, en lugar de verla como un predictor de peligro inminente, es una distinción útil. Para muchas personas, la ansiedad aumenta cuando están cansadas, no comen bien o están expuestas a múltiples problema. Si sabes que tu ansiedad está relacionada con la forma en que te sientes física y emocionalmente, puedes buscar señales tempranas de advertencia (marcadores paralelos) que te permitan intervenir antes de perder la salud mental.

Lo más fácil es volver a consultar las listas que hiciste en el capítulo 7: allí encontrarás los primeros signos de advertencia. A medida que tus pensamientos se vuelvan más angustiosos y agitados, tendrás una señal de que debes pararte, reducir la velocidad y cuidar tu cuerpo: dormir mejor, comer mejor, descansar, hacer ejercicio. Abordar estas necesidades físicas puede ayudarte a reducir mucho la angustia.

RESPUESTAS A LARGO PLAZO PARA SUPERAR LA ANGUSTIA

Averiguar qué hacer cuando la angustia se convierte en un nudo es importante. Cuando estás sufriendo un pico de ansiedad, es mucho más útil intentar calmarte que investigar las razones por las que has llegado a ese estado. Transformar tu respuesta global y tu reacción ante la vida de la ansiedad a un estado más sereno requiere algo de práctica, pero no es imposible. Hay cosas que puedes hacer para ayudar al sistema en general a no caer en hábitos angustiosos tan fácilmente. Reducir la frecuencia y la cantidad total de ansiedad que experimentas se divide en tres partes: aprender a confiar en uno mismo, reemplazar los escenarios catastróficos por imágenes positivas y encontrar un lugar neutral, sin negar el peligro ni sucumbir a la angustia desenfrenada.

Prepárate una respuesta hábil

La ansiedad es un estado emocional prefabricado que no tiene nada que ver con la realidad que te envuelve: prospera en un futuro imaginario (siempre negativo). Si sigues buscando problemas imaginarios, tu mente seguirá brindando soluciones imaginarias. Debido a que la solución para cada escenario es diferente, la mente angustiada tratará de cubrir todas las posibles situaciones «que pasaría si» intentando desactivarlas todas, una por una. En esa búsqueda incesante de seguridad, se retroalimenta.

Pongamos un ejemplo: uno de mis clientas es una mujer inteligente, llena de recursos, tranquila y amable. Tras de la muerte de su esposo, empezó a obsesionarse con problemillas que había en su vida, sobre si cambiar de trabajo o no, si viajar o no, y muchas otras cosas. Permanecía despierta por la noche preguntándose si había programado la calefacción de manera adecuada. Si llegaba a la conclusión que lo había hecho, entonces se preguntaba si funcionaba correctamente. De ahí saltaba al «¿Qué pasaría si fallara? ¿Qué pasaría si los detectores de humo fallasen o si el horno explotara al azar?».

Una tras otra, aparecían nuevas catástrofes en su mente. Si era capaz de resolver una, aparecía otra en su lugar. Ése es el problema de la angustia: nunca se queda sin un hipotético drama inminente y sorpresivo.

En lugar de seguir visualizando escenarios catastróficos sucesivos, hay que elaborar un plan de acción para todos y cada uno de ellos, uno que es mucho más eficaz y aplicable a todas las circunstancias: confiar en uno mismo. En vista de los múltiples desafíos que presenta la mente, podrías decir: «Confío en mí mismo para resolver cualquier problema que surja en la casa. Si hay algo que no sé solventar, confío en mi capacidad para pedir ayuda».

La confianza en uno mismo es difícil de conseguir, pero, pase lo que pase, tienes un historial de problemas resueltos con éxito al que recurrir. Grande o pequeño, probablemente has demostrado que puedes enfrentarte a la mayoría de los desafíos. No hay ninguna razón para creer que no podrás solucionar problemas por tu cuenta o pedir ayuda si fuera necesario.

También está el hecho de que apagar fuegos imaginarios no sirve absolutamente de nada para ayudarte a ser más resolutivo y eficaz en caso de incendio real. Si tienes ansiedad sobre cosas específicas, mira si puedes identificar formas para disminuir el riesgo de que sucedan. Haz cosas prácticas y realistas, como cambiar las baterías de los detectores de humo, cerrar las puertas por la noche o usar el casco cuando vas en bici. Dirige tus miedos de manera concreta, pero no dejes que te mantengan prisionero. Hasta que surja una necesidad real, no hay razón para regodearse en escenarios desastrosos.

En lugar de crear problemas de la nada, puedes decirte a ti mismo: «En este momento, hasta donde yo sé, todo está bien. Si surge un problema de cualquier tipo, confío en mí mismo para responder con habilidad. Si hay algo que no sé hacer, confío en que pediré ayuda».

Usar un plan general de autoconfianza aumenta la sensación de seguridad de forma mucho más efectiva que la repetición mental de hipotéticos patrones para salir de situaciones catastróficas. Con el tiempo, puedes volver a entrenar tu mente para calmarse sola en lugar de impulsarla a seguir angustiándose.

■ ■ ■

Puede que pienses: «¡Pero es que ya *he fracasado* estrepitosamente antes!». La confianza en uno mismo puede parecer imposible cuando has sufrido una pérdida severa en la vida. En casos de accidente, suicidio, pérdida de un hijo y otras pérdidas, es normal que te sientas inseguro. Lo que no ayuda, sin embargo, es vivir angustiado eternamente por lo que aún no ha pasado y seguramente no llegue a pasar. Tal vez podrías haber hecho algo diferente. Tal vez. Y tal vez hiciste todo lo que pudiste con la información que tenías en ese momento. Y quizás esa pérdida no tuvo nada que ver con lo que «no hiciste» y no podrías haber cambiado el resultado de ningún modo.

Independientemente de lo que sea preciso, no sirve de nada pasar el resto de la vida con miedo de perder algo. Vivir con ese tipo de ansiedad perpetua te agotará hasta el punto en que no puedas dar respuesta hábil alguna ni percibir un peligro real cuando llega de verdad.

Una mente tranquila y un cuerpo descansado son tu mejor oportunidad para evaluar una situación y responder con habilidad. El interrogatorio implacable, la búsqueda de errores y la vergüenza no te llevarán a la solución correcta.

Imagina lo mejor posible

«Perfecto –puedes pensar–, ahora tengo que estar angustiado por lo angustiosos que son mis pensamientos, porque pensar en desastres está empeorando las cosas, y luego, con tanto estrés, seré menos eficaz en caso de emergencia».

Sí. Eso es la ansiedad. Sigue creciendo porque la sigues alimentando continuamente.

Otra creencia cultural generalizada es que los pensamientos crean la realidad. Muchos libros de autoayuda y falsos gurús también nos lo dicen, que si fuéramos más conscientes de nuestro entorno, si estuviéramos en sintonía con los *detalles,* no nos veríamos en situaciones espantosas. Y si tenemos un momento difícil, es porque lo causamos nosotros de alguna manera. Con nuestros pensamientos. Por lo tanto, hay un notable apoyo cultural a la angustia: acaba pasando lo que piensas que pasará, así que mejor estar seguro de pensar lo correcto. Si las cosas salen mal, ha sido culpa tuya.

Eso de que «Creamos nuestra propia realidad» es falso y cruel con la gente afligida. Muchos de nosotros ya nos sentimos responsables de lo que sucedió, tanto de la muerte de alguien a quien queríamos como de no estar gestionando «bien» nuestro duelo. Si bien esta idea podría (y sólo «podría») tener visos de realidad, en su mayor parte es una mentira podrida. Tus pensamientos pueden influir en cómo *respondes* a las situaciones, pero tus pensamientos no crean la realidad.

Eres muchas cosas, pero no eres tan poderoso. No puedes invocar a la muerte, ni la salud, ni la pérdida o el dolor con sólo pensarlo. Tus pensamientos no han creado tu pérdida. Tu angustia continua no causará más pérdidas. No estar ansioso y en guardia no te «condenará» a perder más, ni te protegerá de daños.

Si pensar pudiera mantener a las personas a salvo, ninguno de nosotros estaría de duelo. Si los pensamientos por sí solos pudieran prevenir enfermedades, accidentes y sufrimiento, estaríamos todos a salvo. El pensamiento mágico no controla la realidad.

Lo que *sí* pueden hacer tus pensamientos es influir en cómo te sientes contigo mismo y con el mundo que te rodea. La mejor manera de trabajar con los pensamientos es aprovechar sus increíbles poderes de imaginación, evidentes en todos los escenarios imaginarios dramáticos, para visualizar el futuro que realmente deseas, no el peor de todos. Básicamente, quiero que uses los poderes naturales de tu cerebro en todo, menos en la ansiedad. Si te da por imaginarte cosas, intenta acabar con el mejor resultado posible. Deja que ésa sea tu imagen guía. No porque vaya a afectar nada (en cualquier dirección), sino porque hace que vivir tu presente real sea más fácil para ti. Quiero que la vida sea más fácil para ti.

Si tienes miedo y esperas a ver cómo se desarrollarán los acontecimientos, puedes imaginar la escena completa. Dado que aún no ha pasado nada, utiliza tu cerebro para imaginar que todo acaba bien.

Deja que tus pensamientos creen un estado interno de calma y optimismo esperanzador (si bien leve). Ésa es la única realidad que tus pensamientos pueden cambiar.

Encuentra el punto intermedio

La clave para manejar, o incluso transformar, la angustia no consiste en encontrar un lugar seguro, sino encontrar un lugar neutro. Todos necesitamos consuelo. Todos necesitamos sensación de seguridad, y la vida misma no es intrínsecamente «segura». El siguiente instante podría traer muchas cosas, algunas estupendas, otras espantosas. La única forma que he encontrado de vivir dentro de esa realidad es decirme a mí misma que ni estoy segura ni en peligro. Cada momento es neutral.

Esa neutralidad es a lo que las tradiciones orientales, y algunas tradiciones occidentales antiguas, se refieren cuando hablan de «desapego», de encontrar un punto de equilibrio tranquilo y sereno. Es un espacio de calma alerta: ni ensayar un desastre ni caer en la negación de los riesgos de la vida.

En cualquier momento, lo malo y lo bueno son igualmente posibles. La paz del ser está en entrenarnos para esperar una cosa u otra. En el duelo temprano especialmente, puede convertirse en un proceso para practicar la creencia en un futuro neutro. Ni bueno ni malo. No estás seguro, pero no estás en peligro. Aquí mismo, ahora, en este momento, estás... neutral. Esos espacios intermedios, donde puedes respirar, donde hay espacio, ésos son los lugares deseables. De esto tratan las antiguas enseñanzas: vivir en ese lugar neutral. Lo cual no es en absoluto lo mismo que pasar de todo, «No me importa» o «Estoy por encima de todo». Se trata de ver la situación actual, el entorno real, exactamente como es, sin adornos ni fantasías futuras. Parafraseando a Eckhart Tolle: la ansiedad usa tu imaginación para crear el futuro que no deseas. Así que, no hagamos eso.

Si no puedes creer que tienes «seguridad», siéntete neutral. La neutralidad es mucho más estable que el miedo.

LA RESPUESTA MÁS GRANDE A LA ANGUSTIA: ¿QUÉ NECESITAS EXACTAMENTE?

La angustia es una cosa que da vergüenza reconocer; a menudo pretendemos que no la estamos sintiendo porque parece una debilidad. Nunca es bueno fingir que no se tiene miedo. Fingir que no tienes miedo hace que tus relaciones personales se debiliten y te hagan sentir considerablemente inestable. Esconder la ansiedad hace que te salga siempre el tiro por la culata: actúas por angustia en lugar de *responder* a ella.

Una vez más, volvemos al reconocimiento como la medicina más poderosa que tenemos a mano. Puede parecer contradictorio pero, de alguna manera, decir la verdad —«Ahora mismo no me siento seguro en el mundo» o «Me temo que mi perro se va a morir»— hace que las cosas se vean diferentes. Cambiar el tipo de angustia suaviza las cosas. Relajas tu control sobre el mundo exterior.

Decir la verdad te permite relajarte lo suficiente como para preguntarte qué necesitas exactamente en este momento. Cuando te sorprendas imaginando escenarios monstruosos, reconoce la verdad: «Tengo miedo a sufrir más pérdidas». Prolonga la espiración. Pregúntate qué es lo que realmente estás buscando: ¿qué necesitas en este momento? Las posibles respuestas a dicha pregunta podrían ser: tranquilidad, comodidad, apego, una siesta, cualquier cosa que te proporcione una mayor sensación de seguridad y que no tenga que ver con la situación.

Si identificas una necesidad de, por ejemplo, seguridad o conexión, ¿de qué otra manera podrías responder a esa necesidad en lugar de imaginar desastres imposibles de controlar, contemplando implacablemente la inseguridad de las personas que amas? Es posible que necesites más información sobre una situación, o puede que necesites pedir consuelo o consejo, en lugar de intentar controlar el temor a la pérdida.

Si sales a algún lado, temes amenazas imaginarias contra la seguridad de tu hijo o de tu gato, quizás necesites ir a casa para relajarte en lugar de ignorar tu angustia e intentar seguir con tus cosas. Ésa es otra forma de practicar la bondad hacia uno mismo. Recuerda que la ansiedad suele empeorar por falta de nutrientes o de sueño; deberías entender también la angustia como una señal para cuidar de tu cuerpo.

Como con la mayoría de las cosas, no hay una respuesta correcta. Lo importante es preguntarse: «¿Qué necesito en este momento y cómo puedo satisfacer mejor esa necesidad?».

No siempre conseguirás lo que necesitas. Pero la práctica de preguntarse qué necesitas y tomar el camino más probable para conseguirlo, a fin de satisfacer dichas necesidades, te creará una sensación de seguridad muy beneficiosa. Como aproximación a largo plazo para la angustia, decirse la verdad y preguntarse qué necesitas es altamente eficaz. Funciona cuando otras cosas no lo hacen.

La frase «Es mejor ponerse zapatos que forrar el mundo de cuero» define perfectamente lo que estoy diciendo. La seguridad no está en el mundo que te rodea. No puedes controlarlo todo lo bastante como para evitar pérdidas. La seguridad reside únicamente en tu capacidad para defenderte, escuchando tus propias necesidades por debajo de los miedos y respondiendo en consecuencia. No puedes evitar la pérdida. Tu «seguridad» reside en tu propio corazón, en cómo te cuidas a ti mismo y en cómo te imaginas el mundo.

Piensa ti mismo, particularmente en las partes angustiosas, temerosas y aterrorizadas, con amor y respeto. Este tipo de ansiedad es normal. Es otra forma de la mente para reordenar el mundo después de la pérdida. Tu mente está tratando de mantenerte a salvo. Haz todo lo posible para calmar el excesivo trabajo de la mente siempre que te sea posible. Cuéntate la verdad sobre tus miedos. Pide. Escucha. Responde. Comprométete a cuidarte en todas las circunstancias. Sobre todo, sé *amable* contigo mismo. Como sabes, la escritora Sharon Salzberg dice: «Tú mismo, como cualquier persona en el universo, merece amor y afecto».

MAPA DE ANSIEDAD

¿Hay patrones en mi angustia? ¿Cuándo es más notable? ¿Cuáles son mis primeros signos de advertencia de agotamiento que pueden conducirme a una mayor ansiedad?

Si no estás seguro de qué desencadena tu angustia, puedes empezar a anotar las circunstancias y situaciones que empeoran su estado. Igualmente importante: toma nota de lo que ha estado sucediendo los días en que tu angustia disminuye o parece desaparecer. ¿Qué hay de diferente esos días?

Cuando te sientas angustiado por una situación específica, pregúntate cuál es la verdadera necesidad que se esconde bajo el temor. En la mayoría de los casos, existe la necesidad de conexión, tranquilidad o estabilidad. ¿Qué necesidades identificas? ¿Cuál es la forma más efectiva de satisfacerlas?

¿Cómo sería la bondad hacia uno mismo en respuesta a tu angustia?

11

¿QUÉ TIENE QUE VER EL ARTE CON TODO ESTO?

Podría decirte que el proceso creativo es curativo en sí mismo. Pero miento fatal.

No puedo abrir el tema del proceso creativo sin ser honesta y hablar de mi propia experiencia. Las artes, o cualquier práctica artística, fueron muy difíciles para mí en los primeros días del duelo. Particularmente me molestó el tema de la escritura, durante mucho tiempo. Me molestaba cualquier proceso creativo, en realidad. Aunque los necesitara.

He sido escritora toda mi vida y también artista visual. Debido a que el arte y la escritura formaban parte de mi vida profesional antes de enviudar, la gente me decía lo *afortunada* que era: porque podía escribir y hacer arte a partir de mi experiencia. Suerte porque podía cambiar la muerte y convertirla en un regalo para los demás.

Como si *la súbita muerte de mi compañero* se pudiera redimir de alguna manera por el hecho de escribir o de hacer arte sobre ella. Como si nuestra vida, *su vida,* fuera un intercambio justo del que brotara arte.

Existe una profunda creencia en nuestra cultura de que la creación a partir del dolor es de calidad y encima cura las penas, que una llamada interior te lleva a transformar el dolor en una obra de arte que impacte a los demás. Que cuando te vuelves hacia la faceta creativa desde las profundidades del dolor, estás curándote. La creatividad puede ser una forma de transformar el dolor, claro, como todo. Los resultados de tu creatividad, si son lo suficientemente buenos, pueden ayudar a otros a transformar su dolor. Todo funciona. Puede funcionar cualquier cosa, pero el arte y la escritura te hacen sentir mejor y es posible que consigas «aceptar» más rápidamente tu pérdida.

Esta arraigada creencia perjudica tanto la práctica creativa como a ti mismo.

Cierto es que necesitamos arte. También es cierto que necesitamos crear. Es parte de ser humano. La creación sigue siendo una gran parte de mi vida y no quiero renunciar a ella. Mi trabajo se basa en las prácticas creativas desde el duelo, así que no lo he abandonado. Pero cuando la práctica creativa se presenta como una cura para la aflicción o como una herramienta necesaria para ser útil en la vida, es cuando se me ponen los pelos de punta, rechino los dientes y empiezo a gruñir.

Crear algo bueno a partir de la pérdida no es un intercambio de cromos ni tampoco una cura.

El dolor no se redime con el arte. Crear algo de la nada no es un intercambio justo por no poder continuar viviendo con quien has perdido. No hay comercio justo. Lo que sea que crees desde tu dolor, en tu duelo, da igual si es hermoso o útil para ti o para los demás: nunca borrará tu pérdida. Ser creativo no resolverá nada. El arte no está destinado a hacer las cosas «bien».

Por consiguiente, éste es un territorio difícil, tanto en el mundo como en este capítulo sobre prácticas creativas en el duelo.

«Pero hay un secreto. Mis palabras escritas te acercan más. Es un baile seductor a un nivel diferente. Me hace pensar en la poesía amorosa de Rumi, que trata de su relación con "lo desconocido". El amor se clarifica, se dibuja a través del velo del lenguaje y se destila en algo que está más cerca de lo divino. Ése es el mejor secreto, la escritura te acerca [...]. Te estoy vistiendo de lenguaje y te vuelves más visible».

CHRIS GLOIN, estudiante de Writing Your Grief, sobre la muerte de su esposo, Bill

¿PARA QUÉ HACERLO, ENTONCES?

Si las prácticas creativas no sirven para mejorar el duelo, ¿para qué nos vamos a meter en ese jardín? Nos involucramos en prácticas creativas porque nuestras mentes (y nuestros corazones) se liberan con ellas.

El dolor, como el amor, necesita expresión. La mente humana se desliza hacia la expresión creativa de manera natural: forma parte de nuestra esencia. Somos criaturas narradoras de historias. Buscamos el arte y la historia para ayudarnos a darle sentido al mundo, particularmente cuando lo que nos ha pasado no tiene sentido. Necesitamos imágenes para vivir, historias que nos guíen en la nueva vida que se nos presenta. Necesitamos del proceso creativo para dar testimonio de nuestra propia realidad, para reflejar nuestro dolor. En un mundo que a menudo no quiere escuchar nada sobre el duelo, la hoja de papel o el lienzo o el bloc de dibujo son siempre compañeros dispuestos.

Cuando separamos el proceso creativo de la necesidad de resolver o arreglar cosas, se convierte en un aliado. Se convierte en una forma de resistir el dolor, una forma de reducir el sufrimiento, aunque no mejore la experiencia del duelo.

Las prácticas creativas también pueden ayudarte a profundizar en tu conexión con lo que has perdido. La muerte no termina una relación: la cambia. Escribir, pintar y otros procesos creativos permiten continuar la conversación que empezaste en vida, *antes* de continuar en la «vida *posterior*». Las historias que creamos son una continuación del amor.

Y a veces, la creación nos permite conectarnos y relacionarnos nuevamente con el mundo, en una nueva forma, en esta nueva vida.

« Normalmente no pongo palabras al dolor, no hablo sobre el nudo que tengo en el estómago, ni sobre el dolor de cabeza que me produce aguantarme las lágrimas. Las palabras tienen límites, pero el dolor no los tiene. ¿Entonces cuál es la cuestión? Las palabras son herramientas imperfectas. Pueden defraudarnos a menudo y lo hacen. Pero en el mejor de los casos, las palabras pueden construir una conexión entre yo y otra persona, y es esa conexión es lo que me importa. Cuando estás conectado con alguien, sabes que las palabras que dices son solo la punta de un gran iceberg de sentimientos, remordimientos, sueños y recuerdos. Construí un puente con Seth durante treinta y cinco años; fue una obra de arte. Se necesita más coraje de lo que pensé para arriesgarme a empezar de nuevo, construir puentes nuevamente, con otras personas. Mi parte cínica me dice que no me crea la idea de que las palabras pueden consolarme, empoderarme, conectarme. Pero la parte de mí que sueña despierta y espera y cuenta historias continúa, con incertidumbre, hacia el puente».

KATHI THOMAS ROSEN, estudiante de Writing Yout Grief,
sobre la muerte de su marido, Seth

Si bien no es el único papel del dolor, el duelo a menudo nos invita a la comunicación, incluso a la comunión, con los demás. Sin esa llamada para expresar el dolor, no tendríamos las imágenes de Käthe Kollwitz. No tendríamos el *Guernica* de Picasso. No podríamos sentir nuestro propio dolor reflejado en las palabras de C. S. Lewis, o Cheryl Strayed, o Claire Bidwell Smith, o Emily Rapp. Nos sentimos reconfortados por compañías semejantes a nosotros, por personas que viven pérdidas profundas como nosotros, a lo largo del tiempo.

Las prácticas creativas son un bálsamo y un apoyo dentro de lo que apenas se puede soportar. Así, aunque las prácticas creativas de este capítulo no arreglen tu mundo roto y no puedas recuperar lo que has perdido, pueden ayudarte a encontrar una manera de vivir esta nueva etapa. Pueden ayudarte a contar la historia de manera que las cosas resulten un poquito más fáciles, para la mente y para el corazón. Pueden ayudarte a mantener la conexión con quien has perdido. El arte puede ayudarte a conectarte con otros compañeros que viven su duelo. Mejora las cosas aunque no pueda corregirlas.

> En el mejor de los casos, la sensación de escribir es la de cualquier gracia inmerecida. Se te entrega, pero sólo si la buscas. Buscas, rompes tu corazón, tu espalda, tu cerebro, y luego, sólo entonces, se te entrega.
>
> ANNIE DILLARD, *La vida de la escritura*

ESCRIBIENDO

Estudios recientes han demostrado que dedicar diez o quince minutos de escritura creativa puede ayudarnos a reducir los niveles generales de cortisol, la «hormona del estrés». Si bien los estudios dicen más cosas sobre la regulación emocional, como el aumento del optimismo y la disminución de la hostilidad, creo que el corolario más seguro es que escribir, gracias a su efecto sobre el estrés, puede ayudar al organismo a sobrevivir a la pérdida. Como dije en el capítulo 9 sobre el dolor y la mente, cuidar tu cuerpo hace que el dolor, en sí mismo, sea más fácil de soportar.

Y no son sólo los efectos fisiológicos los que nos interesan. Cualquier práctica creativa, incluida la escritura, puede ayudar a reducir el sufrimiento permitiéndote contar tu propia historia.

Honestamente, no puedo decirte por qué la escritura ayuda. Cuando Matt murió lo dejé casi todo, salvo escribir. No escribía como terapia para aliviarme. Tampoco lo hacía para comunicarme con los demás. No escribía para encontrar la paz, ni la resolución ni la aceptación de mi duelo. Estaba escribiendo porque tenía que hacerlo. Porque las palabras me supuraban cuando tenía un papel delante.

En esos primeros días, escribir era mi forma de conectarme con Matt, la manera de continuar nuestra conversación, que tan abruptamente se detuvo. Era la forma en que saboreaba los raros momentos de calma, de sentirme amada y castigada, lugares a los que podía regresar y revivir cuando todo se volvía demasiado oscuro para soportarlo. Pude dejar constancia de esos momentos oscuros también. En un texto escrito, todo está permitido. Todo tiene voz.

Hace poco, en un pódcast, escuché al orador decir algo como que los escritores lo viven todo dos veces: la vez que suceden las cosas y la vez que lo ponen por escrito. Al redactar este libro, he echado la vista atrás a todas esas cajas de diarios que escribí en los primeros días del duelo. En ellos, tengo un mapa de quién era entonces, una serie de puertas de entrada en la intensidad del amor y el dolor que marcaron esos días. La escritura puede hacer eso, te da un mapa. Una topografía de dolor y amor, una línea de seguimiento por si alguna vez necesitas regresar.

>> Al perder a Coll, noté que mis mecanismos normales de adaptación, para lograr la paz que se consigue mediante la liberación de emociones intensas no funcionaron. Cuando lloro no me siento mejor. Cuando grito –y grito en una casa vacía– no me siento mejor. Muchas veces, cuando hablo con mi terapeuta, no me siento mejor.
Pero escribir..., escribir no me ha fallado nunca. La escritura ha estado presente cuando todo lo demás falló. Los bordes de mis emociones todavía son bastante puntiagudos y dolorosos, pero se van limando para que no hieran tan profundamente con cada respiración. Y todo eso gracias a la escritura.

JENNY SELLERS, estudiante de Writing Your Grief,
sobre la muerte de su compañero, Coll

ESCRIBIR LA VERDAD (SOLO, JUNTOS)

Casi desde el comienzo de *Refuge in Grief*, he dirigido cursos de escritura para personas afligidas. Nunca prometo que escribir vaya a hacer que alguien se sienta mejor. Por el contrario, pido a mis alumnos que se sumerjan completamente en su duelo. Nada está fuera del límite; nada es demasiado duro.

Cuando pregunto a mis alumnos cómo les ha ayudado la escritura en su proceso de duelo, siempre dicen que escribir la realidad de su pérdida les ha ayudado a sobrevivir. Tenemos mucha censura entorno al dolor, en el mundo en general, ciertamente, pero también en nuestras mentes. Estamos completamente condicionados para no hablar del sufrimiento. Pero cuando se escribe, hay libertad para hablar de todo. Hay libertad para ser escuchado. Todo es bienvenido sobre el papel.

«Escribir no puede eliminar mi sufrimiento, pero ha sido la herramienta más importante para salir adelante: para mí ha sido un medio para expresar la agonía que he arrastrado durante quince años, y toda una tribu de almas feroces y bellas no sólo honran dicha expresión, sino que ya no tienen miedo. No están asustadas. Por extensión, no me tienen miedo a mí. Escribir no puede arreglar lo que sucedió. No puede deshacer lo que pasó, no puede reescribir la historia ni devolverme a mi hermano muerto. No borra el dolor, no lo camufla ni hace que «todo esté bien» de repente.

Escribir no me solucionó las cosas. Me permitió comenzar a honrarme a mí misma, a mi propia experiencia y a mi propio corazón roto. Mi mantra a través de este tiempo ha sido "El único camino para pasar a través del duelo es atravesarlo". Atravesarlo es todo lo que la escritura me ha dado. Una herramienta para usarla, para pasar el trance. La curación llegó con el tiempo. Qué regalo es que, sin importar lo duras que sean las palabras, nunca nunca se van».

GRACE, estudiante de Writing Your Grief,
sobre la muerte de su hermano

Mis alumnos me han demostrado, una y otra vez, el poder de contar tu propia historia tal como es. Tu estilo no tiene que ser bueno. No tiene que ser «correcto». A través de la escritura, el dolor y el amor, el horror y el compañerismo, se entrelazan en la historia de tu vida: tu verdadera historia. Puedes escribir solo o puedes compartir tus palabras con los demás. Lo único que importa es decir la verdad, sin censuras, sin disculpas.

Tus palabras pueden ser insignificantes, pero contienen tu corazón, y éste siempre es bienvenido a la hora de expresarse sobre un papel.

DAR VOZ AL DUELO

Incluso si no te sientes escritor, intenta escribir, por favor. A lo largo de este libro, encontrarás ejercicios de escritura y pautas para comenzar; también hay una entrada incluida a continuación. Pon un cronómetro durante diez minutos. Aunque tengas que escribir «¿Por qué me he metido en esto?» una y otra vez, sigue escribiendo hasta que el temporizador se apague. Cuando hayas terminado, dibuja (o escribe) una línea a pie de texto. Debajo de ella, escribe algunas frases para expresar cómo te sientes escribir su respuesta a la entrada.[12] Si su dolor no se ha «arreglado» (*spoiler*: no se arreglará), ¿notas algo diferente? ¿Qué te ha parecido escribir?

Este mensaje está tomado del curso Writing Your Grief. Les pedí a mis alumnos que nominaran sus favoritos y este fue el claro ganador:

Si estuvieras escribiendo un relato de ficción, querrías conocer la voz de tu personaje principal. Te gustaría saber cómo camina, qué cosas come, cómo se peina, si es que se

---

12. La práctica de escribir «bajo de la línea» proviene de una de mis primeras maestras de escritura, Eunice Scarfe, de Edmonton, Alberta.

peina. Tendría que ser real. En cierto modo, tu dolor es como un personaje: tiene un ritmo propio y una voz. Es especial para ti. Si vamos a trabajar con el dolor, averigüemos quién es.

La herramienta creativa se llama *personificación*. Lo que realmente estamos haciendo es darle a la pena una voz propia. Al tener voz puede decirnos cosas. Pensemos que este ejercicio invita al dolor a presentarse ante ti. Éste es un ejemplo fuera de lo común:

Piedras de dolor, tiradas en un rincón, se pasan el vaso a la mano izquierda, la frente manchada con tierra.

Ella tararea y llora; sus manos revolotean contra cosas que no veo. Cuando me acerco, levanta la vista, sorprendida pero con la mirada clara:

—¿Qué quieres? –pregunta ajustando las cintas de su vestido.

Se acaricia suavemente.

—¿Qué es lo que más quieres? Quizás lo tenga. Tal vez lo tenga en alguna parte...

Si tu dolor es un personaje que puede presentarse y hablar, ¿qué tipo de voz tiene? No nos lo cuentes; deja que hable el personaje. Dale voz a la pena. Para conseguirlo puedes empezar por relajarte un momento. Cierra los ojos. Respira profundamente. Cuando te sientas centrado, coge el boli o pon las manos sobre el teclado. Respira de nuevo y, al espirar, imagina que le preguntas a tu pena:

«¿Quién eres?» O «Dime quién eres»...

❝ Mis palabras no se desvanecen; no lo harán. Haré una roca más fuerte, una fuerza escultural sobre la cual continuaré construyéndome: una madre sin su hijo. Daré forma a mis palabras con los suaves golpes de mi mazo maternal. Voy a esculpir profundos abismos de amor en mi vida.

La poderosa letra de la muerte me era desconocida "antes", aunque ahora la canto como si lengua materna fuera. Mis palabras. Sinceras expresiones de amor hacia mi hijo. Mi hijo muerto. Mi hijo muerto antes de nacer. Éstas son mis palabras. Ésta es mi verdad. Mi hijo murió. Está muerto y lo amo. He aprendido un nuevo vocabulario».

CARLY, estudiante de Writing Your Grief,
sobre la muerte de su hijo, Zephyr

MÁS QUE PALABRAS: NOVELAS GRÁFICAS

Matt estaba en una forma física increíblemente buena. A mi madre se le ocurrió que escribiera un cómic sobre él, una novela gráfica si se quiere, que se titularía *Míster Universo*. Así podría seguir sus aventuras más allá de este plano terrenal, allá en el más allá, en algún lugar, volando alrededor de los planetas…, haciendo cosas.

Ese tipo de narrativa no es mi estilo. Sin embargo, tenía un punto de interés. La novela gráfica goza de algunos elementos creativos fantásticos. No es un formato con el que haya trabajado, pero definitivamente está en mi lista. Una novela gráfica con una historia realmente oscura me parece maravillosa.

Hay una serie de ejemplos disponibles si quieres explorar este medio con alguna orientación. Los libros del escritor y artista Anders Nilsen *Do not Go Where I Can not Follow* y *The End* retratan la enfermedad y la muerte de su novia Cheryl, así como su vida tras la pérdida de ésta. *Rosalie Lightning: A Graphic Memoir* es una novela gráfica escrita por Tom Hart sobre la muerte repentina de su hija de dos años, Rosalie. Uno de mis libros de duelo favoritos es *The Sad Book*, de Michael Rosen, ilustrado por Quentin Blake, porque no convierte la tristeza en algo bonito, ni retrata la pérdida bajo una luz romántica. Es, simplemente, un libro que sale del corazón de Rosen tras la repentina muerte de Eddie, su hijo de dieciocho años.

Aunque no hagas una novela gráfica completa, mantener un cuaderno de bocetos es una práctica recomendable. En ocasiones, las imágenes y los dibujos son mucho más elocuentes que las palabras. Cualquiera que sea tu medio, no temas mostrarte tan sombrío como realmente te sientes. Se trata de tu vida: tu práctica creativa *debe* reflejarla fielmente.

COLLAGE

A veces no puedo manejar las palabras. Ya me pasaba ocasionalmente antes de que Matt muriera, y desde entonces ha empeorado la cosa. Las palabras pueden ser irritantes. El lenguaje se puede quedar muy corto. Aunque la escritura es una práctica creativa, no deja de utilizar partes de la mente basadas en la lógica y la razón, y éstas no acaban de funcionar bien cuando se quiere comunicar un profundo dolor.

En mis primeros días de duelo, hubo veces en que rompí mis diarios, frustrada por la restricción de las palabras. Frustrada de que las palabras fueran lo único que me quedaba de nuestra vida en común. Cabreadísima porque se suponía que debía encajar la frustración en sílabas y oraciones. Estúpidas palabras. ¡Estúpidas!

Como un antídoto para mi mente cargada de palabras, solía retomar a mi antigua práctica de hacer *collages*. Me resultaba realmente satisfactorio desgarrar revistas, destruir palabras e imágenes para convertirlas en algo nuevo, algo mío. Al igual que la poesía, de la que hablaremos a continuación, usar las imágenes de otras personas para crear una nueva narración es profundamente satisfactorio. Todavía lo hago. Cuando me entran ganas, hago un *collage* al día y los conservo en un pequeño cuaderno de bocetos de papel de dibujo. Como práctica diaria me ayuda a entender dónde estoy, cómo me siento, y me permite poner cosas que no me apetece escribir. Y encima tomo prestadas las imágenes de otras personas, así no tengo que empezar desde cero.

Como una especie de registro diario, el *collage* es una práctica fantástica: sin palabras y sin pensar. Puedes utilizar esta práctica como una forma de analizarte a ti mismo, una forma de centrarse dentro del torbellino de la pena. Es una forma de reconocer lo que es real, lo que es verdad en este momento preciso, sin importar lo que contenga.

INTENTA ESTO

COLLAGE

Reúne un montón de revistas y periódicos, unas tijeras decentes, pegamento en barra u otro adhesivo y papel grueso para bocetos. Yo prefiero las revistas de papel brillante, las que tienen más fotos que texto. No tienes por qué comprarlos: pide que te regalen revistas en lugar de tirarlas, o revisa los contenedores de reciclaje de papel en tu vecindario. Las revistas nunca escasean. También prefiero tijeras pequeñas, como de costura, ya que a veces se recortan cosas bastante pequeñas. Usa papel grueso en lugar de papel delgado tipo impresora; el papel normal se doblará y se ondulará con el peso del pegamento y las fotos. Si hace falta, cómprate un cuaderno de bocetos específicamente para este propósito.

Hojea las revistas, sacando cualquier imagen que te llame la atención. Deje que tu mente deambule por las páginas. Es normal quedar atrapado en un artículo de vez en cuando, pero haz esfuerzos para pasar de la narrativa y enfocarte en las fotos.

Puedes buscar imágenes grandes que sirvan como fondo y varias imágenes más pequeñas que te gusten. O busca imágenes que te disgusten y recórtalas. Nada de esto tiene que tener «sentido». Nada de esto tiene que ser «arte». Recorta lo que quieras. Cuando tengas un buen puñado, empieza a organizar lo que has conseguido en el papel. Cuando tengas el fondo básico y las imágenes más grandes donde te parezca bien, empieza a pegar.

Recuerda que no se trata de darle sentido a nada ni de hacer algo bonito. Las imágenes mismas te dictarán cómo será la forma final. Si te pones muy perfeccionista, limita tu tiempo de trabajo; saber que tienes que acabar pronto puede ayudarte a tomar decisiones de una manera más flexible e impulsiva. En el trabajo de *collage,* impulsivo = bueno.

ENCUENTRA POEMAS

Si prefieres las palabras o si quieres añadir algunas palabras a tu collage, la poesía es una gran herramienta parecida al collage.

INTENTA ESTO

ENCUENTRA POEMAS

Busca un periódico o cualquier publicación impresa: un libro, un folleto o un catálogo. Los textos *online* no funcionan tan bien. Abre el papel, uno que tenga artículos y frases, en este caso no interesan las fotos. Utiliza un rotulador o boli de color. Cierra los ojos un momento, respira profundamente (lo más profundo que puedas). Espira y empieza a leer por encima el texto, subrayando palabras al azar.

Deja que las palabras disponibles te digan lo que está escrito, pero no te dejes atrapar por el artículo o anuncio. Puedes dar vueltas por todas partes formando frases con las palabras que has subrayado. Cuando creas que has acabado, escribe las palabras que has subrayado formando frases coherentes.

Puedes reorganizar las palabras o dejarlas en el orden estaban. Pruébalo varias veces; te sorprenderá lo que acabará saliendo.

No hay un «tema» para esto. De hecho, si te sientes abrumado por el dolor, compón una historia ridícula de palabras al azar, algo cómico. Usa diferentes colores para las diferentes historias o pasa a una sección completamente diferente del artículo. Juega con las palabras que encuentres. Observa lo que encuentras. Incluso puedes hacer un poema y añadirlo a las fotos del *collage*: termina el *collage* y forma un poema para describir la historia de la imagen visual.

Como con todo, considera estos ejercicios como experimentos. ¿La creación de un *collage* basado en palabras cambia algo en ti? ¿Tienes aunque sea el más mínimo respiro mientras haces el trabajo? ¿Calma tu mente rabiosa, aunque sólo sea por un rato? Algunas personas se sienten más serenas, menos tensas, después de estos ejercicios.

Al igual que el ejercicio de «Mejoría frente a empeoramiento» del capítulo 7, jugar con el *collage* y otros procesos creativos puede brindarte información sobre cómo sobrellevar tu pérdida o cómo vivir el presente con tanta amabilidad como sea posible. O tal vez, como ya he dicho varias veces, cosas como ésta no consiguen nada positivo en absoluto, pero te mantienen ocupado un rato sin atormentarte. En ocasiones, es la opción más aceptable: esto es menos desagradable que la mayoría de las actividades cotidianas. Si tienes que hacer algo, o te estás volviendo loco comiéndote la cabeza, busca palabras o imágenes de otra gente y compón una cosa distinta que hable de ti.

FOTOGRAFÍA, ESCULTURA, MACRAMÉ, Y LAS ARTES CULINARIAS

Hay un millón de maneras diferentes de ser creativo. Yo me he centrado principalmente en escribir y dibujar, pero lo que tú veas más adecuado para ti es lo que debes hacer. Yo solía hacer esculturas modeladas. Creo que trabajar con arcilla es una de las actividades más creativas, catárticas y curativas que existen. Muchos de mis amigos viudos recurrieron a la fotografía después de la muerte de sus parejas. Algunos se lanzaron al punto u otras formas de costura. Al menos uno de mis conocidos puso toda su energía creativa en la comida, creando platos deliciosos para alimentar a los demás cuando su familia no tenía ganas de comer.

Hagas lo que hagas, recuerda que tu duelo es tuyo. Nadie tiene el derecho de dictarte qué deberías hacer ni lo que te hará sentirte mejor. La exploración creativa es un acompañante dentro del duelo, no una solución a él. Como espejo de tu propio corazón, déjalo convertirse en lo que sea necesario.

OBRAS EN CURSO

Todas las prácticas creativas pueden ayudarte a ver tu vida, tu corazón, tal como son ahora. Para algunos, especialmente para aquellos que no están pasando un duelo, puede sonar muy feo. Pero es útil porque escuchar tu propia voz, contemplar tu verdadera realidad –ya sea por escrito, en pintura, en fotografías o como sea– cambia algo dentro de ti.

《Durante el primer año, mi aflicción era tan enorme que no me podía creer lo que había pasado. Saqué mi historia fuera de mí, como si fuera un objeto pesado, afilado, incómodo. Era imposible de manejar y amorfo, siempre me arañaba las manos o se dejaba caer con un feo golpe en el dedo gordo del pie. Arrastré esa fea historia a través del calor del verano, con los colores del otoño, las nieves del invierno y el renacimiento de la primavera antes de encontrar espacio suficiente para mí misma.

No es un rompecabezas, ¿sabes? No hay empujón lo suficientemente potente para que ese enorme peso puntiagudo encaje en un pequeño espacio vacío, no hay forma de darle vueltas hasta que encajen las piezas de mi corazón destrozado. Tuve que aprender a verlo como un proyecto de escultura, trabajando la arcilla de mi pérdida y la arcilla de mí mismo, hasta que pude modelar algo nuevo. Luego, retrocediendo, acepté el trabajo que iba apareciendo y también me acepté a mí misma.

KATE CARSON, estudiante de Writing Your Grief,
sobre la muerte de su hija, Laurel

Tu vida y tu duelo son un trabajo en progreso. No hay necesidad de terminar. No tiene que ser perfecto. Sólo estás tú, la historia del amor y la pérdida, que te trajo aquí. Encuentra las diferentes maneras de contar tu historia.

12

ENCUENTRA TU PROPIO
«DISCO DE RECUPERACIÓN»

Hablar con personas que acaban de empezar su duelo es complicado. Durante el primer año es tentador decirles que las cosas mejorarán. Quiero decir, ¿es realmente positivo decir: «En realidad, el segundo año es mucho peor que el primero»? Pero si no les decimos nada, la gente que está de duelo espera que los años venideros deberían ser «mejores» que el primero. Y eso es absolutamente falso: los años siguientes, en realidad, pueden ser más difíciles.

Por otra parte, si sólo hablamos sobre la profunda realidad del duelo, la forma en que perdura, se queda y establece un campamento permanente, entonces la gente se queda sin esperanza, sumida en la miseria. No se puede decir a lo bestia: «Sí, esto es horrible, espantoso, y lo será durante mucho tiempo», sin ofrecer algún tipo de luz al final del túnel.

Necesitamos encontrar la forma de hablar sobre ambas cosas: la realidad del dolor profundo y persistente *y* la realidad de aprender a vivir con dicho dolor de la mejor manera posible, de forma auténtica e incluso hermosa. Para conseguirlo necesitamos hablar sobre las palabras específicas que utilizamos y cómo debemos considerar.

«Y aquí está lo que ha sucedido después de su muerte, después del dolor: otra pérdida, pero más suave. No es un terremoto en mis entrañas, sino un cúmulo de piedras. No duermo profundamente y cuando hasta eso me resulta difícil, no lucho. Sigo aprendiendo sobre este otro lado de la tristeza y la pérdida. Donde acabé y empecé mi duelo ya no es un lugar. Mi pena y yo somos iguales, no hay distinción. La gran brecha que se abrió cuando él murió es una grieta que desciende a gran profundidad, pero su fondo se curva hacia el futuro. Es una herida que he rellenado con amor, una cicatriz que llevo en mi alma. Cuando lo pienso, me parece mentira: cómo me ha pasado a mí esto y cómo he encontrado un lugar para vivir con ello. Ojalá pudiera contárselo y decirle que lo llevo dentro de mí.

MICHELE SACCO DWYER, estudiante de Writing Your Grief,
sobre la muerte de su esposo, Dennis

NO TE PUEDES RECUPERAR DE «UNA MUERTE»

Soy muy particular en el tema del lenguaje. La elección incorrecta de palabras me irrita mucho, ya me pasaba en mis mejores tiempos. Por eso, cuando me quedé viuda, escuchar palabras como *recuperación* o *mejorar* me sacaban de quicio. La expresión de mejorar resultaba ridícula. ¿Qué narices iba a mejorar exactamente?

¿Cómo vas a mejorar cuando lo que más quieres está muerto? Francamente, una pérdida de esta magnitud no es algo que pueda mejorarse ni de lo que te puedas *recuperar*.

Recuperación, tal como se define en el diccionario, significa volver a un estado normal, sobreponerse a lo que se perdió o verse compensado por lo que le han quitado. Sé de mucha gente que llora amargamente la pérdida de un hijo o de su mejor amigo, de un hermano o de la pareja, afligida por alguien que debería haber tenido veinte, treinta u ochenta años más. Sé de personas que quedaron paralíticas tras acci-

194

dentes o que sobrevivieron a actos de violencia a gran escala. La idea general de recuperación es muy rara en este tipo de dolor.

Esa grieta en tu universo no se cerrará sola para que puedas *volver a la normalidad*. No importa lo que pase a continuación en tu vida, nunca obtendrás una compensación adecuada. La persona que perdiste no va a regresar. Esa pérdida nunca se recupera.

Por consiguiente, no hay absolutamente nada en el tiempo ni el espacio que te permita «recuperarte» de tal pérdida.

Y eso hace el tema más complicado si cabe. Sin «curación» en términos de volver a estar como nuevo, sin «recuperarse» –del mismo modo que cuando te cortan las piernas éstas no vuelven a crecer–, ¿cómo vamos a salir adelante?

Para vivir al dolor, para vivir con dolor, necesitamos una nueva terminología.

No quiero tiempo para curarme. Hay una razón para que esté así.
Quiero tiempo estar hecha un adefesio, retorcida por tu pérdida.

CHINA MIÉVILLE, *La cicatriz*

AQUÍ NO HAY «SUPERACIÓN» DE NADA

Las cosas que nos pasan en la vida nos cambian. Ocurre siempre hasta cierto punto. Esperar, incluso exigir, volver a la normalidad después de una pérdida devastadora es totalmente absurdo, particularmente cuando nos damos cuenta de que no existe tal expectativa en ninguna otra experiencia vital importante. Como dije anteriormente, la insistencia en volver a la normalidad dice mucho más sobre la incomodidad del interlocutor con el tema del duelo que sobre la realidad de éste.

No lo vas a «superar». No volverás a ser «el que eras». ¿Cómo ibas a conseguirlo? Rechazar el cambio provocado por algo tan poderoso sería el colmo de la arrogancia.

Me encanta lo que la investigadora y autora Samira Thomas tiene que decir al respecto, en términos de «resiliencia» y de regreso a la normalidad:

> Algunos acontecimientos de la vida hacen que las personas crucen un umbral que los cambia para siempre, tanto si buscan su propia transformación como si no. La vida siempre se está desarrollando y las personas están en un proceso de conversión continuo. La resiliencia acepta las implicaciones etimológicas de la resistencia cruzar umbrales, pero lo hace adaptando el viejo yo a las nuevas circunstancias, sin ofrecer espacio o tiempo para cambiar por completo ante la nueva realidad.
>
> A diferencia de la resiliencia, que implica volver a una forma original, la paciencia sugiere cambios y permite la posibilidad de transformación... Es un acto simultáneo de desafío y ternura, una forma de existencia compleja que rompe barreras. Con la paciencia, el individuo existe al borde del devenir. Con abundancia de tiempo, se permite a la gente tener espacio para ser indefinido, sin doblarse ni romperse, sino transfigurándose.
>
> SAMIRA THOMAS, «Elogio de la paciencia»[13]

Las nuevas realidades nos cambian. Existimos al borde del devenir. No nos recuperamos. No avanzamos. No volvemos a la normalidad. Ésa es una petición imposible.

Un amigo mío pasó gran parte de su vida trabajando en la restauración de minas, una práctica ambiental que intenta sanar paisajes contaminados y destruidos por la minería intensiva. Ésta es una perspectiva tan romántica –y a menudo fallida– que muchos ecologistas

---

13. Samira Thomas, «In Praise of Patience», Aeon, 12 de mayo de 2016, aeon.co/essays/how-patience-can-be-a-better-balm-for-trauma-than-resilience

han desistido de la restauración de canteras. Algunas están demasiado dañadas como para ser restauradas. Mi amigo trabajó con la única persona que, en ese momento, había encontrado una forma novedosa de restaurar estos sitios. Implicaba la colaboración de tribus nativas, la investigación de las necesidades biológicas mínimas de los diversos paisajes y el paciente estudio de la propia tierra: observar las heridas y utilizarlas para informar de cambios ecológicos futuros. El trabajo en sí es intensivo y agotador. Se necesitan décadas para ver los resultados: ecosistemas florecientes, el regreso de especies de plantas y animales autóctonos, en definitiva, un paisaje curado.

Este amigo mío dice que la gente que visita los sitios restaurados sólo ve belleza en el paisaje. No hay ninguna evidencia obvia de la destrucción que antes hubo. Pero para los que hicieron el trabajo, para aquellos que vieron lo que se esconde debajo del nuevo crecimiento, las heridas de la tierra son claramente evidentes. Hay muchas vidas enterradas bajo lo que ahora parece tan bonito. Caminamos sobre una piel que oculta las ruinas.

La tierra se cura, al igual que el corazón. Pero si sabes cómo mirar, siempre puedes ver los estragos debajo del nuevo crecimiento. El esfuerzo, el trabajo arduo, la planificación y la lucha para conseguir algo completamente nuevo, integrado e incluido en el paisaje devastado que antes se veía, también es visible. Decir que la devastación de tu pérdida existirá siempre no es lo mismo que decir que estás «roto eternamente». Estamos hechos de amor y de cicatrices, de curación y de gracia, de paciencia. Continuamente nos transformamos, por unos y por otros, por el mundo, por la vida. La evidencia de la pérdida siempre es visible si sabemos mirar.

La existencia que parte de ese punto se construye sobre lo que pasó: la destrucción, la desesperanza, la vida que se apagó y lo que pudo haber sido.

No hay vuelta atrás ni superación. Sólo hay movimiento a *través de* la integración de todo lo que ha pasado antes y todo lo que se te ha pedido que vivas. Samira Thomas continúa: «Desde este paisaje, aprendo la lección de que no necesito ser lo que fui, que puedo enseñar mis cicatrices y mi alegría al mismo tiempo. No necesito elegir entre inclinarme o romperme, pero gracias la paciencia puedo transfigurarme».[14]

La «recuperación» en el duelo no consiste en aceptar las cosas. No se trata de ser resiliente para volver a la vida «normal». La recuperación consiste en escuchar tus heridas. La recuperación es honesta sobre el estado de tu propia devastación. Se trata de cultivar la paciencia, pero no la paciencia para esperar a volver a la normalidad, sino la paciencia de saber que el dolor y la pérdida se abrirán camino a través de ti, cambiándote. Construyendo su propia belleza, a su manera.

La recuperación dentro de la pena es un punto de equilibrio móvil. No hay un punto final claro y definido. Aunque no siempre es insoportable, tu dolor —como tu amor— siempre formará parte de ti. La vida puede ser —lo será— bella de nuevo. Pero será una vida construida a partir de la pérdida, formada por la belleza y la gracia tanto como por la devastación, no una vida que haya que borrar.

Si hablamos sobre la recuperación de la pérdida como un proceso de integración, de vivir junto al dolor en lugar de superarlo, entonces podemos empezar a hablar de lo que puede ayudarte a sobrevivir.

Teniendo en cuenta que lo anterior no se puede restaurar, que no se puede corregir lo que ha sucedido, ¿cómo se puede seguir viviendo? Ése es el trabajo del duelo: encontrar la manera de vivir con la pérdida, construir una vida al margen de lo que siempre será una vacante.

UN MOMENTO, YO NO QUIERO ESTAR *MEJOR*

Recuerdo la primera vez que me reí después de la muerte de Matt. Estaba horrorizada. ¿Cómo podía olvidarme de él ni siquiera un ins-

---

14. *Ibid.*

tante? ¿Cómo podía encontrar algo gracioso? Me parecía una traición, no tanto a Matt sino a mí misma.

La idea de mejorar, o incluso de integrar una pérdida, puede parecer ofensiva, especialmente en el duelo inicial. Mejorar puede significar que la persona que perdiste, o la vida que ya no puedes vivir, han dejado de ser importantes. Para mucha gente, el dolor es su conexión más vital con lo que se pierde. Si la felicidad regresa a tu vida, ¿en qué lugar queda lo que se perdió? ¿Será que no era tan importante ni tan especial si puedes seguir con tu vida como si nada?

En mi duelo inicial, no estaba preocupada por si iba a sentir tanto dolor indefinidamente. Lo que me preocupada era que un día me dejara de doler. ¿Cómo podría seguir con mi vida? ¿Y cómo podría vivir conmigo misma si así fuera?

Lo que puedo decirte, varios años después de mi pérdida, es que las cosas se vuelven diferentes; no «mejoran», pero cambian. De alguna manera, echo de menos esos primeros días. Echo de menos poder mirar hacia atrás y palpar lo que fue nuestra vida, encontrar su olor en el armario, abrir la nevera y ver cosas que él había comprado. Mi vida con él estaba muy cerca en ese momento. Y en ese estado desgarrado de dolor inicial, sentía su amor muy cerca de mí. No servía para nada, pero estaba allí; estaba presente. No había forma de confundir el poder de ese momento, tan oscuro y doloroso como era.

No echo de menos los momentos desesperados, las pesadillas, la angustiosa política familiar o la sensación de que no había nada de interés para mí en este mundo. Cuando miro hacia atrás, a ese yo anterior, honestamente reconozco que el dolor que recuerdo es increíblemente difícil de presenciar. Aunque hay partes de esos primeros días que casi anhelo, el dolor visceral no es algo que eche de menos.

Ese dolor y mi amor por Matt estaban, y están, conectados, pero no son lo mismo.

Es verdad que el dolor que sientes ahora está íntimamente conectado con el amor. Pero mientras que dicho sufrimiento retrocederá, el amor permanecerá inalterable. Profundizará y cambiará como lo hacen todas las relaciones. No de la manera que querías, claro está. No en la forma en que te mereces. Pero sí de la manera que lo hace el amor, por su propia cuenta.

Tu conexión con lo que has perdido nunca se desvanecerá. Ésa no es una definición de *mejor*. A medida que avances en la vida, tu dolor y, lo que es más importante, tu amor te acompañarán. La recuperación del duelo es un proceso de movimiento entre lo que fue, lo que pudo haber sido y lo que aún sigue siendo.

Nada de esto es fácil.

El dolor, como el amor, tiene su propia línea temporal y su propia curva de crecimiento. Al igual que pasa con todos los procesos naturales, no tenemos un control completo sobre él. Lo único que está bajo tu control, lo único que está en tu poder, es cómo te cuidas a ti mismo, qué cualidades de amor y presencia te traes a ti mismo y cómo aprendes a vivir tu vida.

¿Y QUÉ «ESPERANZA» CABE EN ESTAS CIRCUNSTANCIAS?

Como mencioné al comienzo de este capítulo, es un reto hablar sobre la realidad del duelo al mismo tiempo que se ofrece algún tipo de aliento. Cuando hablo de lo difícil y duradera que puede ser la pena, la gente suele decir: «¡Pero tienes que tener alguna esperanza!».

En este momento no es de extrañar que tenga problemas con el uso de la palabra *esperanza*. Cada vez que leo o escucho a alguien decir: «Tienes que tener esperanza», suelo pensar «¿Esperanza de qué?».

Esperanza es una palabra que necesita un objeto: tienes que tener esperanza *en algo*.

Antes de una pérdida, muchas personas «esperaban» un buen resultado (por ejemplo, la remisión del cáncer o que el amigo en peligro saliera sano y salvo), pero tras la muerte ya no se puede esperar nada.

En el proceso de duelo, alguna gente «espera» poder sobrevivir a cualquier cosa que les pase en la vida. Puede que esperen ser felices de nuevo, algún día. O esperan que sus vidas mejoren a partir de ahora, que sean incluso mejor de lo que fueron antes de su pérdida.

Especialmente en mi duelo inicial, ninguna de esas posibilidades me servía. La esperanza de una vida mejor me hacía sentir peor. Me gustaba mi vida. Me encantaba lo que había vivido hasta entonces. No me podía ni plantear que la muerte de Matt podría traerme algo mejor. Esperar a ser feliz de nuevo me parecía como dejar atrás una parte de mí misma.

No podía esperar mejoría y mucho menos pasarlo bien. Todas las esperanzas que tenía en la orilla del río se desvanecieron cuando se encontró su cuerpo.

Ése es el problema de la esperanza, que se presenta como un objetivo final: esperanza de cómo serán las cosas, de cómo saldrá todo en el futuro. Está ligada a una sensación de control sobre el resultado de la vida: lo que esperas *conseguir*.

Insistir en que tenemos esperanza en un resultado positivo es sólo otra forma de insistencia de nuestra cultura en la transformación y en el casposo final feliz. Yo no espero eso.

Si cambiamos nuestra orientación hacia la esperanza y en lugar de centrarnos en lo que podríamos conseguir en el futuro nos centrásemos en *cómo llegar al futuro,* entonces la esperanza sería un concepto que podría aceptar. No deberíamos esperar un resultado material específico, sino que esperamos vivir esta experiencia de la mejor manera posible, siendo personalmente significativa.

Hay diferentes maneras de vivir en constante cambio con el dolor, con el amor, con la persona que perdiste, contigo mismo y con la vida.

La esperanza más auténtica que puedo presentarte es la de encontrar la manera de ser sincero contigo mismo dentro de todos los cambios que irás viviendo. Espero que sigas buscando belleza, que encuentres y alimentes el deseo de *querer* buscarla. Espero que alcances tu conexión con el amor, que la busques como tu ancla y tu constante, incluso cuando todo lo demás se haya apagado.

AVANZAR: ¿CUÁL ES TU IMAGEN DE RECUPERACIÓN?

Hay un gran libro llamado *Elegant Chioces, Healing Choices,* de la doctora Marsha Sinetar, que describe exactamente el tipo de esperanza de la que estoy hablando: en cualquier situación, podemos tomar el camino más elegante, hábil y compasivo. Quererlo, intentarlo aunque no siempre se consiga, para mí es la base de la esperanza y la recuperación tras la pérdida.

La recuperación no consiste en «quedar como nuevo», ni siquiera de superar el dolor intenso, sino en vivir esta experiencia con tanta habilidad y serenidad como sea posible. La recuperación requiere de paciencia y de la voluntad para enfrentarse con el propio corazón, particularmente cuando éste se ha roto irrevocablemente.

A tu manera, con tus tiempos, encontrarás la forma de integrar esta experiencia a tu vida. Te cambiará, claro. Puedes volverte más empático, porque sabes cómo hieren las palabras equivocadas, incluso cuando se tiene la mejor intención. También puede aumentar tu mal genio, con una mecha severamente acortada para la crueldad o ignorancia de otras personas. De hecho, eso le pasa a muchas personas: tras una pérdida nos protegemos de los demás corrigiendo y redirigiendo a cualquiera que pueda infligirnos más dolor al tratar de quitárnoslo.

El dolor te cambia. En quién te convertirás está por ver. No necesitas eliminar tu dolor para vivir una vida plena. Es parte de ti. Nuestro objetivo es su integración, no su destrucción.

CON INDEPENDENCIA

Ya sea a través de la recuperación o la integración o algún otro término, lo más importante es que escojas la ruta tú solo, de manera soberana.

Con tanta presión externa para que evites el dolor —haz más de esto, menos de aquello, deberías probar esto otro—, ¿qué tal si te embarcas en un proyecto o corres una maratón? Con tantos consejos ajenos puedes empezar a sentir que tu vida ya no es tuya. Todo el mundo tiene una opinión. Todo el mundo tiene una idea de cómo podrías superar tu pérdida.

Antes de que Matt muriera, y ahora más aún, la independencia ha sido mi cruzada personal. La independencia es la capacidad para tener autoridad sobre tu propia vida, tomar decisiones basadas en tu propio conocimiento de ti mismo, libre de dominaciones externas y presiones. La nuestra es una cultura de opinión; al final resulta difícil recordar que cada persona es experta en su propia vida, y nadie más. La gente puede tener una idea aproximada, sí, pero el derecho a reclamar el *significado* de la propia vida te pertenece únicamente a ti.

Dado que soy extremadamente sensible a las ideas de independencia y soberanía, cualquiera que me diga cómo debería ser mi propia recuperación se encontrará con una respuesta irritada. Pero si me hago yo las preguntas, si me pregunto *a mí misma* cómo será mi recuperación, entonces la cuestión se convierte en pertinente.

Todo se reduce a esto: si eliges algo por tu cuenta, una forma de vivir tu propio dolor, entonces está bien. Si algo, incluso la misma cosa, es invocada por una fuerza externa, probablemente te sentará mal. La diferencia radica en quién lo reclama como opción «correcta».

Es tu vida. Te conoces mejor que nadie. Independientemente de cómo elijas vivir, tu elección será correcta porque es tuya. Uno de mis maestros solía decir: «No importa lo que elijas; importa que la elección sea tuya, basada en que sabes quién eres».

Mantenerte fiel a ti mismo, sostener ferozmente tu propio corazón, tu propio núcleo: ésas son las cosas que te guiarán.

A TU IMAGEN Y SEMEJANZA

Es importante —particularmente en un momento tan desconcertante— tener una imagen para vivir. Algo que esperar de ti mismo. Algo *tuyo*.

203

Recuerda: no se trata de mejorar. No necesitabas esta pérdida. La recuperación dentro del duelo se basa por completo en encontrar la forma de mantenerte fiel a ti mismo, de honrarte a ti y a la vida que tuviste antes, mientras vives el tiempo que te queda. La recuperación radica no tanto en lo que *harás*, sino en cómo te acercarás a tu propio corazón, en cómo vivirás tu vida.

Si tu dolor es muy reciente, éste no es el momento para preguntarte si te vas a curar. Pero si te parece bien reflexionar con tacto, preguntarse sobre la propia recuperación puede ser un acto genuino de amor y bondad.

IMAGINAR LA RECUPERACIÓN

Hay muchas maneras de crear una imagen de tu propia recuperación. Para empezar, puedes escribir las respuestas a estas preguntas:

Dado que lo que he perdido no se puede recuperar, dado que nunca se arreglará esta situación, ¿cómo me imagino habiéndolo superado?

Si no hago caso de las normas culturales que me instan a «superar la pérdida», ¿cómo sería vivir *lo mejor posible*?

¿Cómo cuidaré de mí mismo?

¿Qué tipo de persona quiero ser, para mí y para los demás?

Si bien no puedes saber qué episodios te depara el destino, tal vez te preguntes cómo quieres *sentirte* viviendo tu vida, sea cual sea. ¿Esperas paz o sentirte conectado contigo mismo y con los demás? ¿Qué virtud te gustaría cultivar? ¿Qué crees que puedes alcanzar? ¿En qué tienes puestas tus esperanzas?

Si piensas en el futuro, ¿cómo se ve tu dolor? ¿Cómo se han integrado el amor y la pérdida? ¿Qué sientes al ver el panorama?

A un nivel más práctico, ¿qué partes del duelo temprano te alegrarás de dejar atrás? ¿Hay algo que puedas hacer, ahora, para suavizarlas o librarte de ellas?

Puedes guiarte por sus respuestas para crear una guía general que te sirva en este momento de tu vida, o puedes optar por hacerte algunas de estas preguntas cada día, fijándote en lo que podría parecer una recuperación. Ciertamente no hay respuestas fáciles a estas cuestiones. Las respuestas mismas pueden cambiar con el tiempo. Pero preguntarse acerca de tu propio camino hacia adelante es un respiro que puedes darte. Comienza cuando te preguntas: si no puedo recuperarme, ¿qué me espera? ¿Qué vida quiero para mí?

Si necesitas ideas para elucubrar sobre cómo podría ser tu recuperación, puedes remitirte a lo que escribiste en el capítulo 7: el ejercicio de bienestar frente a empeoramiento puede darte pistas.

■ ■ ■

A lo largo de esta parte del libro he intentado darte herramientas para reducir el sufrimiento y aliviar tu dolor. Recuerda que la aflicción en sí no es un problema, y como tal no se puede arreglar. El dolor es un proceso natural; tiene inteligencia propia. Cambiará por sí mismo. Cuando apoyamos nuestro proceso natural de aflicción, en lugar de tratar de intentar eliminarlo, se suaviza notablemente. Tu función es cuidar de ti mismo lo mejor que puedas, apoyándote en cualquier afecto, pasatiempo o compañía que puedas. Es un experimento. Un experimento en el que te ves envuelto contra tu voluntad, pero un experimento de todos modos.

Sigue volviendo a los ejercicios y sugerencias que he compartido en este libro. A medida que vivas en la pérdida, tus necesidades probablemente cambiarán. Revisar estas herramientas puede mantenerte en contacto con la forma en que tu corazón y tu mente cambian dentro del dolor.

En la siguiente parte, pasaremos del proceso interno de duelo a las necesidades externas de comunidad, apoyo y conexión. Es en la comunidad donde encontramos nuestras mayores alegrías y nuestras mayores desilusiones. Al decir la verdad sobre cómo fallan nuestros sistemas de apoyo, comenzamos a crear una nueva comunidad capaz de dar testimonio de un dolor que no tiene arreglo.

PARTE III

CUANDO LA FAMILIA
Y LOS AMIGOS
NO SABEN
QUÉ HACER

13

¿HAY QUE EDUCARLOS
O IGNORARLOS?

Si eres como la mayoría de las personas afligidas, las respuestas de la gente que te rodea te parecerán torpes en el mejor de los casos, e insultantes, desleales o groseras en el peor. Ya hemos hablado sobre las raíces profundas de la evitación del dolor y la cultura de la culpa precedentemente en este libro. Es importante trasponerlo a tu vida personal para ayudarte a comprender y corregir el apoyo inútil de la gente que te rodea.

Ser continuamente animado a «superarlo» es una de las mayores causas de sufrimiento dentro del duelo.

Hay una paradoja en el apoyo al duelo: como no hablamos sobre la realidad del duelo en nuestra cultura, nadie sabe realmente cómo ayudar. Las personas que mejor pueden decirnos cómo ayudar –que serían las que están de duelo– no tienen la energía, el interés o la capacidad para ponerse a enseñar a nadie cómo brindarles apoyo. Así que estamos prisioneros en un círculo vicioso: los amigos y la familia quieren ayudar, los apenados quieren sentirse respaldados, y nadie consigue lo que quiere.

Si queremos mejorar en el apoyo mutuo, si pretendemos conseguir lo que todos queremos (amar y ser amados) tenemos que hablar al respecto. No es fácil, pero es importante.

《《Aparecer en mi puerta, diez días después de la muerte de mi hija, con un paquete de galletas Tosta-Rica y diciéndome que sonría, mientras me miras con una sonrisa de oreja a oreja, no me anima en absoluto. Esperar que te entienda porque la naturaleza de nuestra amistad ha cambiado desde que mi hija murió es más de lo que puedo soportar. Cuando te digo que no estoy preparada para grandes reuniones sociales (y cuando digo «grandes» me refiero a más de una persona), créeme que sé perfectamente lo que puedo y lo que no puedo hacer. Mi necesidad instintiva de una crisálida, de envolverme en este horror, es lo único que me apetece hacer ahora mismo. Y no puedo hacerlo contigo juzgando lo que hago, lo que digo y lo que siento, diciéndome que estoy siempre de mala leche. ¡Joder, sí, estoy de mala leche! ¡MI HIJA ESTA MUERTA! Vuelve en otro momento, cuando esté dispuesta a callarme, a escucharte y a mirarte.

Y luego esto:

Mi tragedia no es contagiosa; no se van a morir también tus hijos. Sé que no sabes qué decir. Yo tampoco lo habría sabido hace unos meses. ¿Quieres un consejo? No me vengas con trivialidades. No empieces ninguna frase con «al menos», porque si lo haces serás testigo de mi transformación en la Malvada Reina del Luto.

Voy a explicarte la teoría de la pena: Kübler-Ross ha sido malinterpretada, no hay línea de tiempo, ni camino posible en el sufrimiento. Estamos solos en esto, en la penumbra. Te voy a pedir que me hables sobre mi hija, por favor. Porque me horroriza que caiga en el olvido, me aterra pensar que podría olvidarla. Te recuerdo que puedo llorar si quiero, que puedo patalear, y que está bien que lo haga. Ésta es mi vida ahora. Así es como yo existo aquí y ahora.

LAURIE KRUG, estudiante de Writing Your Grief,
sobre la muerte de su hija, Kat

¡PERO SI SÓLO ESTOY TRATANDO DE AYUDARTE!

«Todo sucede por una razón». Qué cosa más ridícula, vergonzosa, reduccionista y horrible para decirle a alguien que acaba de perder a un ser querido ¿Qué caray va ha haber una razón?

«Tuvo una vida feliz y tuviste la suerte de tenerlo durante todo este tiempo. Sé agradecido, sigue adelante». Como si haber tenido una vida feliz justifique que la gente se muera por la cara.

«Al menos puedes tener otro bebé. Yo ni siquiera puedo quedarme embarazada». ¿Desde cuándo la muerte de mi hijo tiene que ver con tu vida y tus problemas?

«¡Alegra esa cara! Las cosas no son tan malas como te parecen ahora». ¿Por qué la gente, que ni siquiera son íntimos, insiste en decirme que me alegre?

Las cosas que decimos, las cosas que hacemos, las justificamos con el rollo de que estamos intentando ayudar.

Es el comentario más común y universal que oigo de las personas en duelo: la forma en que los tratan es horrorosa. La gente dice las cosas más descaradamente insensibles y crueles que se les pasan por la cabeza a los que están de luto. Habrá veces en que no hayan querido decir lo que han dicho. Otras veces se trata de gente cruel e insensible sin más. Afortunadamente, esas personas son fáciles de ignorar. ¿Pero y los que realmente te quieren, los que te quieren ayudar desesperadamente? Ésos son mucho más difíciles de manejar porque las cosas que dicen, su manera de no comprender por lo que estás pasando, resulta paradójica.

Sabemos que tienen buenas intenciones. Podemos verlo en sus caras, escucharlo en sus voces: sólo pretenden que «mejores». No pueden hacerlo mejor por mucho que se esfuercen.

Pero no puedes decirles lo que piensas. No puedes decirles que te están machacando vivo, porque sólo empeorarías las cosas.

BASTA CON SER EDUCADO

Cuando hablo de lo mal que apoyamos a las personas dolientes, suelo recibir una de estas dos respuestas: de las personas afligidas escucho «¡Gracias por decirlo!». Y de aquéllos de los demás escucho «Pero si sólo estamos tratando de ayudar! ¿Por qué eres tan negativa?».

La reacción es inevitable: «¡La gente tiene buenas intenciones!». «¡Sólo están tratando de ayudar!». E incluso «Claramente no estás lo suficientemente evolucionada como para comprender el mensaje que se esconde tras sus palabras». Las cartas más airadas que recibo provienen de personas que intentan apoyar a un ser querido y les digo que lo están haciendo mal, que las palabras que emplean hieren de alguna manera, que suenan mezquinas y desdeñosas, aunque lo último que intentan es hacer más daño. ¿Cómo puedo ser tan desalmada, tan negativa, tan incapaz de ver que están haciendo lo mejor que pueden? Ellos tienen buenas intenciones. Y yo tendría que empezar a buscar lo bueno, a ser más agradecida y más amable, dejar de estar tan cabreada, siempre destilando mala uva.

Ahí está la cosa: digo la verdad sobre lo que es sentirse sin apoyo en el duelo. Digo la verdad sobre cuánto nos fallamos los unos a los otros. A mí no me da miedo decir lo que las personas que han sufrido una pérdida piensan para sí mismas un millón de veces cada día. No me da miedo gritar «¡No me estás ayudando!».

No estoy siendo negativa. ¡Estoy diciendo la verdad!

Tenemos una orden de amordazarnos la boca para no decir la verdad. No sólo la verdad sobre el duelo, sino la verdad acerca de cómo se siente una persona afligida en nuestra cultura. Estamos entrenados para ser educados. Estamos dispuestos a sonreír y asentir y decir «gracias por pensar en mí» cuando, por dentro, lo que realmente queremos hacer es gritar *«¿Pero tú en qué narices estás pensando diciéndome eso a mí?»*.

Cuando abro un nuevo espacio comunitario para el curso de escritura, siempre me impresiona la cantidad de personas que dicen: «Éste es el primer sitio en el que puedo ser completamente sincero acerca de mi pena. Nadie más quiere saber nada, o me dicen que lo estoy haciendo fatal». Mucha gente de duelo me ha dicho que en lugar de decirle a los demás que sus palabras son inútiles, han optado por dejar de hablar en voz alta. Cuando dejas de decir la verdad porque a los demás no les gusta, se produce una injusticia gigantesca e innecesaria, añadida al sufrimiento. A nadie le gusta que le digan que están haciendo algo mal. Pero si no podemos decir lo que es verdad para nosotros, dentro de nuestro dolor, ¿qué hacemos? Si no podemos decir, «Oye, que esto no me ayuda» sin que nos echen la caballería por encima, ¿cómo se supone van a saber lo que necesitamos? Si no decimos nada, si sonreímos y asentimos y excusamos a la gente porque «tienen buenas intenciones», ¿cómo van a cambiar las cosas? Que te quiten la razón siempre fastidia. A mí no me gusta que me la quiten y odio hacérselo a los demás.

No soy inmune a los ataques de ira cuando se trata de este asunto. Personalmente, creo en lo que los místicos llaman «santa furia», que es la ira que alimenta la verdad. Es la ira lo que señala la injusticia y el silenciamiento, no para montar una escena, sino porque sabe cómo tiene que ser una verdadera comunidad.

Santa furia significa decir la verdad sin importar quién se ofenda por lo que decimos. E igualmente importante, significa la verdad al servicio del amor, del apoyo, del parentesco y de la verdadera conexión.

Paso tanto tiempo hablando de la realidad del apoyo inútil en la aflicción porque quiero que cambie y mejore. Necesito que mejore. Y tú también. Lo mismo hacen los millones de personas que entrarán en este mundo de dolor después de nosotros. Tiene que mejorar. Así que debemos empezar a decir la verdad.

No basta con pensar «Tienen buenas intenciones». No es suficiente que alguien diga que quiere ayudar, pero que insista en usar palabras despectivas o groseras.

Si alguien realmente quiere ayudarte, deberá estar dispuesto a admitir que no ayuda. Debe estar dispuesto a sentir la incomodidad de no saber qué decir ni cómo decirlo. Debe estar abierto a la retroalimentación. De lo contrario, no estarán tan interesado en ayudar como dice, sino en parecer útil. Hay una diferencia sustancial.

Nadie sabe qué es lo más correcto a la hora de hablarle a una persona en duelo. Por eso es importante dialogar sobre la muerte. No para que lo hagamos bien, sino para que lo hagamos mejor.

DECIDIR QUIÉN GARANTIZA EL CUIDADO Y EL ESFUERZO

Educar a las personas sobre la realidad del duelo es importante, aunque a los que estamos de duelo no nos importe mucho si lo están o no. En ocasiones se pueden simplificar las cosas dejando de dar explicaciones y dejando que digan lo que quieran. Como mínimo, evita intentar que la gente te entienda. El truco está en decidir quién merece tu tiempo y energía y quién merece ser ignorado. Una vez que hayas decidido quién merece tu atención, el siguiente paso consiste en ayudarlo a comprender sin estresarte más de la cuenta por este motivo.

Te aviso que no es fácil.

Si lo que estoy explicando aquí te ayuda a educar e informar a la gente buena y bien intencionada que conoces, genial.

Y si no te ves con la energía necesaria para andar educando e informando, pasa de este capítulo. Tanto este capítulo como el siguiente (y el ensayo «Cómo ayudar a un amigo afligido» del anexo), sirven para ayudar a los que nos rodean a comprender, aunque sea un poco más, lo que es vivir este con dolor. Podemos educarlos, juntos.

SUPOSICIONES. TODO EL MUNDO LO SABE

¿Cuántas veces se te ha acercado alguien para decirte: «Te tienes que sentir así (bla, bla, bla)» o «Te vi haciendo cola, pensando en tu marido. Lo supe por la forma en que mirabas a la nada».

Descubres, días o semanas después de la tragedia, que alguien se siente herido en sus sentimientos porque no respondiste sus llamadas o respondiste mal o porque parecía que no querías hablar con ellos. Sin embargo, tú ni te acuerdas de haberlos visto.

Hay gente que pega charlas interminables sobre lo que hay que hacer para solucionar la pena, porque es lo que ellos hicieron cuando (bla, bla, bla) que les pasó hace años. Qué raro suena oír que es posible que justo lo que necesitas sea salir a bailar tras la muerte de tu hijo porque eso es lo que alguien hizo después de su divorcio.

Recuerdo la frecuencia con la que la gente habla sin parar sobre el nuevo yo que descubriría con el tiempo, que mi vida sería grandiosa en el futuro, y que tenía que hacer lo que «a Matt le hubiera gustado». Podían hablar horas y horas, sentenciando, ponderando, resolviendo mis problemas, muchos de los cuales ni siquiera estaba experimentando.

Cuando uno está de luto se encuentra siempre con personas *ajenas a nuestra experiencia* que nos cuentan cómo es la experiencia del duelo para nosotros: qué significa, cómo lo sentimos y cómo *deberíamos* sentirlo. Se basan en sus propias experiencias, hacen sus propias suposiciones sobre lo que realmente estamos viviendo, y luego nos ofrecen su apoyo, basado en sus propios puntos de vista personales. Se toman nuestras reacciones, o la falta de ellas, de manera personal, atribuyéndoles un significado que no tienen.

Hacer suposiciones es normal. Todos lo hacemos.

En la vida cotidiana, nuestra propia realidad vivida suele ser muy diferente de lo que los demás suponen. En el duelo, ese abismo entre la suposición de la gente y la realidad es aún más grande. Hay tanto espacio para los malentendidos y tan poco interés o energía –por parte del que sufre– para corregir dichos malentendidos que se suma más estrés a la agotadora experiencia del duelo.

Al igual que en los momentos normales, sin aflicción, es probable que haya gran variedad de personas en tu vida, desde las verdaderamente amables y afectuosas hasta las indiferentes, poco sociables y bordes. Hay personas a las que no les importa un pimiento el dolor ajeno, y otras que se meten hasta el cuello para ser vistas como más útiles e importantes de lo que realmente *son*. El trauma y la pérdida también provocan respuestas chismosas en algunos, especialmente si la pérdida se ha hecho pública y pueden montar una campaña de «noticias frescas».

Todas estas personas, incluso las mejores, resultan extrañas y torpes frente al duelo. Y lo demuestran de diferentes maneras.

Es tentador decir que son todos. Nadie lo entiende. Al vivir un duelo puede parecer que te has mudado a un planeta completamente diferente y a veces te gustaría poder hacerlo.

Sería ideal poder transmitir, sin hablar, la realidad de una pérdida severa. Para que la gente sienta, aunque sólo fuera durante treinta segundos, qué es lo que acarreas cada segundo del día. Así se acabarían los malentendidos. Detendría tanta «ayuda inútil» antes de que llegara a nuestros oídos. Pero no podemos hacerlo. Necesitamos palabras, descripciones e infinitos intentos de ser comprendidos y aceptados.

La necesidad excesiva e implacable de describir tu aflicción a otra persona, o de corregir sus suposiciones para que puedan ayudarte mejor, es una de esas crueldades adicionales que lleva el duelo.

COMPARTIR O NO COMPARTIR: ¿CÓMO LE CUENTAS A LA GENTE TU HISTORIA?

Los primeros días después tras la muerte de Matt, iba explicándole a todos lo que había pasado. No lo podía evitar. Lloraba fácilmente y a menudo. La gente preguntaba y yo estaba dispuesta a repetir mi discurso una y otra vez. Pasado un tiempo empecé a sentirme incómoda, demasiado expuesta dando a la gente tanta información. Me cansé de las preguntas inquisitivas, de las miradas compasivas, de la mano colocada suavemente en mi brazo cuando un extraño escuchaba los dolorosos detalles de mi vida.

Y para ser completamente honesta, no todos merecían ser conocedores de una información tan íntima.

¿Hay gente en tu vida que no merece conocer detalles de tu duelo?

Me refiero a esas personas que no manejan la información con la habilidad, la reverencia y la gracia que merece. Estoy hablando de la gente que responde a un tema tan delicado con la habilidad de un elefante rabioso, dando vueltas, haciendo preguntas o, lo que es peor, quitándole importancia al suceso.

También hay momentos en los que prefieres llevar la cabeza baja, comprar comida, sacar al perro y no sentir que tienes que volver a sumergirte en el dolor cada vez que te encuentras con alguien por la calle para preguntarte «Oye ¿cómo estás, cómo lo llevas?».

Algunos sienten que hay que contestar las preguntas sobre cómo les va, independientemente de la relación que tengan con quien pregunta.

Otros se sienten mal si no comentan lo que han perdido, como si no hablar al respecto borrara la memoria de su ser querido, negándole el lugar central en sus vidas. Y hay quien se siente fatal hablando del tema y eluden preguntas que prefieren no responder.

Como en todos los demás momentos de la vida, nunca hay que hacer nada que vaya en contra de tu estabilidad física o emocional.

Si prefieres no revelar tu vida interior, tu corazón roto, o los fríos y oscuros acontecimientos que has tenido que vivir a los demás, no estarás traicionando al ser amado que ha fallecido. Aunque parezca extraño contestar sobre el enorme vacío en tu vida con un «Estoy bien, gracias», cuando no estás bien ni por asomo, es la mejor estrategia. En eso consiste la bondad con uno mismo.

No todos merecen conocer tu pena. No todos son capaces de entenderla. El hecho de que alguien pregunte sin el menor tacto no significa que estés obligado a responderle.

Parte de la vida con dolor consiste en aprender a discernir con quién te abres y con quién no, quién es digno y quién no. Parte de vivir con dolor también es discernir el momento adecuado para compartir tus intimidades con los demás.

Está bien tener cuidado con lo que compartes y cuándo lo compartes. Tu dolor no es un libro abierto, no tiene que ser así. Cuándo, dónde y con quién compartas irá cambiando con el tiempo, y algunas veces incluso en el mismo día, pero siempre será elección tuya.

Aquellos que apoyan tus necesidades cambiantes son los que debes mantener en tu vida. ¿Los demás? Que se pierdan.

«— Mi bebé se ha muerto.

—¡Ay, Dios mío, lo siento mucho! –respira. Lo siente mucho y creo que es completamente sincera. Sin embargo, no se va de inmediato.

—¿Y cómo ha sido? –me pregunta.

Y la miro fijamente. ¿Es esta mujer real? ¿De verdad espera que revivamos las últimas cuarenta y ocho horas de mi hijo para satisfacer su curiosidad?

Le contestamos por pura educación. Porque nos creemos todo lo que nos han dicho en el hospital. Soportamos todo lo que sucede a nuestro alrededor porque no podemos hacer nada mejor. Porque estamos en *shock*. ¿Quién está preparado para lidiar con la muerte de un bebé? No está en nuestra naturaleza ser tan grosero como para contestar: «¿Y a ti qué coño te importa?». Así que le decimos: «Ha sido un accidente con un cable». Lo bueno si breve...

Esperando que pare de preguntar. Esperando que se vaya.

BURNING EYE, de su ensayo, «Milk», en Glow in the Woods

EL DUELO RECOMPONE LA LISTA DE CONTACTOS

A bote pronto parece una tontería, pero es cierto: el duelo reorganiza la lista de contactos. Es increíble la cantidad de personas que desparecen de tu vida tras una pérdida severa. Las personas que han estado contigo a las buenas y a las malas desaparecen repentinamente, o se vuelven pasotas, o se comportan muy raro. En ocasiones los extraños se convierten en la mayor y más profunda fuente de confort, aunque sólo sea por un ratito.

Es uno de los aspectos más difíciles del duelo: ver quién no puede estar contigo en tales circunstancias. Algunas personas se desvanecen, desaparecen sin más. Otros están tan desorientados o son tan crueles (intencionadamente o no) que eres tú quien se deshace de ellos.

Me alejé de mucha gente en mi vida tras la muerte de Matt. No podía tolerarlos más. La muerte súbita o accidental, con todas sus consecuencias, son como una lupa incluso para el desajuste relacional más pequeño. Añadí mucha gente nueva a mi vida, personas cuyas habilidades y afecto me sorprendieron, me apoyaron y me ayudaron a sobrevivir. Y un pequeño puñado de mis más queridos amigos permanecieron a mi lado todo el tiempo, a través de los brutales primeros días y en lo sucesivo.

El dolor puede ser increíblemente solitario. Incluso cuando las personas se acercan más y te quieren de la mejor manera que pueden, no están realmente contigo en esto. No pueden estar. Es horrible porque estás solo en esto. Y paradójicamente, no puedes sobrellevarlo solo.

Te encuentras con que la gente entra y sale de tu vida durante este tiempo. Hubo personas que fueron fundamentales para ayudarme a sobrevivir en las primeras semanas y que luego volvieron a sus propias vidas, a sus propias necesidades. Llegaron a mi vida por un tiempo, y luego nos dejamos ir. Dolía, porque tenían su propia vida a la que volver, pero durante un tiempo lo fui todo para ellos, y yo lo sabía. Las buenas personas aparecen como pueden, el tiempo que pueden. Que luego se vayan no es un fracaso, aunque duela.

Si hay personas en tu vida que amas, que te quieren, pero todo este proceso de duelo está haciendo que las relaciones sean un poco torpes, no pasa nada.

El duelo es difícil en todos los aspectos; las relaciones sociales no son inmunes. Habrá personas capaces de manejar una relación entrecortada y llegar a amoldarse a ti. Con suerte, el afecto y la confianza que habéis construido juntos serán resilientes y serán como una red en la que caer.

Pero no todo el mundo logra superar la situación contigo. Ni todos deberían *hacerlo*.

Esto es aplicable a la vida en general, pero se pone más de manifiesto durante el duelo: no hay tiempo para las relaciones que te empequeñecen o que te hacen sentir sin apoyo. Éste es tu duelo. Tu pérdida. Tu vida. Francamente, no es el momento para arreglar relaciones sociales. Poco importa si alguna gente *cree* que te están ayudando: si su forma de apoyo te parece desdeñosa, crítica o simplemente incorrecta, no es necesario que los mantengas como amigos. Cuando hay personas que causan más daño que bien, mejor apartarlas. Tu vida es muy diferente ahora y siempre habrá gente que no encaje.

Para aquellos que no pueden hacer la transición contigo en esta nueva vida, está bien inclinarse ante ellos, agradecerles la amistad que habéis compartido y dejarlos ir. No es su culpa. No es la tuya. Es parte del dolor. Algunas veces la mejor forma de amor es dejar ir a la gente.

Los seres humanos traumatizados se recuperan en el contexto de las relaciones: con la familia, los seres queridos, reuniones de Alcohólicos Anónimos, organizaciones de veteranos, comunidades religiosas o terapeutas profesionales. El papel de esas relaciones es proporcionar seguridad física y emocional, incluida la seguridad de sentirse avergonzado, amonestado o juzgado, reforzando el coraje para tolerar, enfrentar y procesar la realidad de lo sucedido.

BESSEL VAN DER KOLK, *The Body Keeps the Score: Brain, Mind and Body in the Healing of Trauma*

UN PASO PARA ALEJARSE DE LA LOCURA: CÓMO DEJAR DE DISCUTIR SOBRE EL DUELO

Es un descanso eliminar ciertas personas de tu vida cuando se sufre tanto dolor. Pero ¿qué hay de esas personas que no puedes alejar de tu vida, esa gente que no te apoya de ninguna manera? Aquellos que insisten en animarte y verificar si lo estás superando. No es fácil alejarse de los miembros de la familia o de la gente que ves continuamente porque forman parte de la comunidad en que te mueves.

Un lector me envió esta pregunta: «¿Cómo puedo tratar con personas que esperan que ya "lo haya superado" todo? Mi novia murió hace casi dos años. ¿Cómo puedo convencerlos de que no pasa nada porque "no lo haya superado" aún?».

Aunque sólo un lector me hizo esta pregunta, mucha gente lucha con este tema. Los demás esperan que lo superes, y si no es así, tendrá que serlo en un futuro muy cercano. No pueden entender lo que es ser tú, vivir cada día con una pena como ésta. Quieren que regreses a la «antigua versión» de ti mismo, sin entender que jamás volverás a ser el que fuiste porque no puedes. Ese yo se ha ido.

Es tentador, y muy fácil, involucrarse en discusiones y defender tu derecho a alargar tu duelo tanto como te dé la gana.

No obstante, poco importa lo que digas, no importa que trates de explicarles tu realidad, no la *pueden* entender. Por muy tentador que resulte darles un trompazo verbal (aunque sea educadamente), tus palabras caerán en saco roto.

Así las cosas, ¿qué se puede hacer?

A veces lo más simple, para tu vida emocional y tu salud mental, es dejar de intentar dar explicaciones. Pasar completamente de ellos.

■ ■ ■

Negarse defender tu derecho al duelo no significa que tengas que permitirle a los demás que te fiscalicen y te dicten cómo deberías vivir y lo que deberías sentir. Me refiero a salir de la discusión completamente, negándose a entablar debates sobre si tu aflicción continua es *positiva o no*.

Defenderse de alguien que no puede comprender es una pérdida de tiempo y un fastidio insufrible. Lo importante es recordar que tu dolor, tus filias y tus fobias, te pertenecen. Nadie tiene el derecho de dictar, juzgar o desestimar lo que tienes que sentir.

Curiosamente, que no tengan derecho a juzgar no les impide hacerlo.

Todo esto significa que si quieres dejar de *escuchar* sus pamplinas, tienes que dejar claros los límites. Deja en claro que con tu duelo no hay debate.

INTENTA ESTO

LOS TRES ZASCAS

Aunque es más fácil decirlo que hacerlo, hay pasos que puedes seguir para evitar el debate:

1. Aborda clara y serenamente tu preocupación.

2. Deja claros tus límites.

3. Redirige la conversación.

Estos tres pasos, cuando se usan de manera constante, pueden reducir significativamente la cantidad de opiniones y consejos que llegan a tus oídos. Así sería en la práctica:

Primero, reconoce tu preocupación mientras presumes la intención amistosa del interlocutor: «Aprecio tu interés por mí».

En segundo lugar, aclara tus límites: «Vivo mi duelo de la manera que me parece más adecuada y no me interesa hablar de ello».

Los pasos uno y dos –abordar tus preocupaciones y aclarar tus límites– se pueden combinar en uno solo: «Aprecio tu interés por mí, pero yo vivo mi duelo de la manera que me parece más adecuada y no estoy interesado en discutirlo».

Esto puede ser particularmente efectivo cuando sigues tu declaración con el paso número tres, redirigiendo la conversación y cambiando de tema: «Lo cierto es que prefiero hablar de otra cosa porque sobre mi duelo no hay discusión posible».

Suena un poco bestia, lo sé, pero se lanza claramente un mensaje contundente: que tienes un límite muy claro, y no permitirás que se rompa de ninguna manera.

Si hay personas en tu vida que no tienen límites y no entienden de fronteras, puedes lanzar una frase lapidaria: «Hay temas sobre los que yo nunca discuto» y luego pasar a otra cosa.

Si no eres capaz de tal contundencia, corta la conversación por completo: vete, di adiós, cuelga el teléfono...

Lo importante es no dejar que te arrastren a la batalla. Tu duelo no es un tema de debate. No necesitas defenderlo.

Al principio es incómodo, pero aclarar tus límites y redirigir la conversación será mucho más fácil cuanto más lo practiques.

La gente que te rodea recibirá el mensaje: no es que no quieras superarlo, es que no estás dispuestos a discutirlo. ¡Y punto! Incluso los más recalcitrantes acabarán apartándose.

La cuestión que ahora abordamos es que la aflicción reordenará absolutamente tus relaciones. Algunos sobrevivirán y otros se perderán. Gente que pensaste que siempre estaría a tu lado desaparecerá de tu vida. Gente que estaba en la periferia de tu existencia intensificará su presencia porque habrá sido hábil a la hora de apoyarte, aunque nunca lo hubieras pensado.

Si las personas que hay en tu vida pueden manejar la situación, incluso apreciar justamente tu duelo, entonces permanecerán cerca de ti. Si no pueden, déjalos ir con educación, claridad y comprensión.

14

REUNIR TU GRUPO DE APOYO

Ayudarlos a ayudarte

Nuestros amigos, nuestras familias, nuestros terapeutas, nuestros libros, nuestras respuestas culturales, todos son los más útiles del mundo, los más afectuosos y los más amables cuando se trata de ayudar a alguien que está de luto, pero bastante menos útiles cuando lo que pretenden es arreglar lo que ya está roto.

La mayoría de la gente quiere ayudar sinceramente; lo que pasa es que no saben cómo. Hay una brecha gigante entre lo que la gente quiere ofrecernos y lo que realmente nos proporciona. No es culpa de nadie, en serio. La única manera de cerrar dicha brecha es permitir que la gente sepa qué funciona y qué no, así como la manera de mejorar nuestras habilidades para cuidar unos de otros.

El hecho de que tu duelo no pueda solucionarse no significa que no haya nada que los demás puedan *hacer* para apoyarte. Hay formas concretas y precisas de acompañar a las personas en duelo. Sólo se necesita práctica y voluntad para demostrarnos afecto de una forma nueva y diferente.

Al desviar la atención del dolor al apoyo real de *tu parte interna*, los amigos y la familia pueden acercarse mucho más para mostrarte el afecto que pretenden. Pueden hacerlo mejor que antes, aun cuando no lleguen a hacerlo del todo bien.

Me gustaría que pasaras este libro a amigos y familiares que quieran ayudarte. Me gustaría que los dirigieses hacia las pautas y sugerencias de este capítulo, para que no gastes energía en explicar lo que necesitas. Las herramientas aquí presentes les ayudarán a aprender cómo demostrarte afecto, cómo acercarse a ti, dentro de tu dolor, sin intentar animarte.

Este capítulo, más que cualquier otro, habla con la gente que te apoya en lugar de hablar directamente contigo.

> Cuando murió el hijo pequeño de mi amiga Chris, le conté cómo mi terapeuta solía pedir a mi gente «comportarse como los elefantes» y reunirse en torno al miembro herido. Sabía que yo no podía ayudarla a procesar su dolor, pero podría estar allí presente, al principio sólo como un cuerpo sentado cerca de ella, luego como una voz al teléfono. Les contó a sus amigos la comparación con los elefantes y la gente empezó a mandarle pequeños regalos o tarjetas con elefantes que significaban «Estoy aquí». Reúne a tus elefantes, amor. Estamos aquí.
>
> GLORIA FLYNN, amiga de la autora, en un mensaje personal

CAMBIAR LA IDEA DEL DUELO COMO UN PROBLEMA A RESOLVER POR UNA EXPERIENCIA QUE NECESITA APOYO

Si te sientes frustrado e indefenso ante el dolor de alguien, eres normal. No es culpa tuya que no sepas qué hacer cuando te enfrentas a una pena profunda en ti mismo o en alguien que amas. Nuestros modelos no sirven.

Tenemos un modelo médico en la cultura occidental que nos dice que la muerte es un fallo. Tenemos un modelo psicológico que dice que cualquier otra cosa que no sea una línea estable de «felicidad» es una aberración. Enfermedad, tristeza, dolor, muerte, pena, todos ellos son vistos como problemas que necesitan soluciones. ¿Cómo se puede esperar que tengas habilidades para manejar el duelo cuando todos nuestros modelos presentan un enfoque equivocado?

El duelo no es un problema. No necesita soluciones.

Entender el duelo como una experiencia que necesita apoyo, en lugar de soluciones, lo cambia todo.

Puede parecer un pequeño cambio, únicamente cambian unas palabras. Piensa en un transbordador espacial: la diferencia de dos grados en el suelo se traduce en miles de kilómetros en el espacio. La base sobre la que te asientes para acercarte al dolor influirá en todo: llegarás a donde realmente quieres llegar (para amar y apoyar a la gente que quieres), o volarás violentamente fuera de control.

Vamos a poner un ejemplo. Si sientes que el dolor es un problema, ofrecerás soluciones: *Deshazte de su ropa cuanto antes. Ahora está en un lugar mejor y tú tienes que ser feliz. No puedes sentarte en un rincón y estar triste todo el tiempo. A él no le gustaría verte así; Yo creo que tienes que salir más.*

Alentarás a tu afligido ser querido a hacer lo que le sugieres porque estás tratando de aliviar su dolor: tiene un problema y tú haces todo lo posible por resolverlo. Te sientes frustrado porque él se pone a la defensiva. No quiere seguir tu consejo.

Cuanto más intentas ayudar —es decir, arreglarlo—, más obstinados se vuelven. Y acabará por parecerte que no quieren salir del pozo oscuro.

El doliente, por otra parte, sabe que su pena no es algo que se pueda arreglar. Sabe que no le pasa nada malo. No tiene un «problema». Cuanta más gente intente solucionar su pena, más frustrado (y a la defensiva) se sentirá. El afligido está frustrado porque no necesita soluciones. Necesita apoyo. Apoyo para vivir una experiencia tan amarga. Apoyo para sobrellevar lo que le ha tocado vivir.

Las personas afligidas gastan mucha energía defendiendo su duelo en lugar de sentirse apoyadas en su experiencia. Las personas de apoyo se sienten rechazadas, poco apreciadas y totalmente indefensas. Esto no marcha.

Incluso cuando tienes buenas intenciones, tratar de solucionar el dolor siempre te va a salir mal. Puede que te cueste escucharlo, pero si lo que quieres es ser útil y servir de apoyo, deja de pensar que el dolor es un problema que debe resolverse.

Cuando empiezas a pensar en el dolor como una experiencia que requiere apoyo, amor y presencia, entonces podremos hablar de lo que ayuda. Cuando estemos juntos en el mismo terreno, las palabras y los actos pueden ser verdaderamente útiles y sirven de apoyo.

La buena noticia es que aquí presentamos habilidades varias. El hecho de que no haya *muchos* modelos para apoyar a alguien no significa que no haya *ninguno*. Hay cosas que puedes hacer no para eliminar el dolor de tu amigo, sino para ayudarlo a sentirse acompañado y querido.

NUEVOS MODELOS Y BUENOS EJEMPLOS

En este capítulo abarcamos mucho territorio. Primero, quiero agradecerte que leas este capítulo, que quieras ayudar. Estar con alguien en duelo es increíblemente difícil. En este tema nada es fácil. Puede ser incómodo escuchar que no sabes ayudar, especialmente cuando pones todo lo que puedes de tu parte. A lo largo de todo lo que vas a leer, recuerda que sólo con querer servir de apoyo, con voluntad para hacer el complejo trabajo, profundo, pesado y duro de amar a alguien dentro de su dolor, ya lo estás ayudando.

Hablo muchísimo sobre todas las formas que no son útiles para apoyar a las personas en duelo. Pero no basta con decir lo que está mal. Para avanzar juntos necesitamos una nueva imagen de lo que realmente es el soporte al dolor, o lo que podría ser: un modelo para sobrevivir.

Cuando uno se rompe un hueso, se necesita un molde de yeso alrededor para ayudarlo a soldarse. Necesitamos asistencia externa para poder superar el complejo y difícil proceso de volver a crecer juntos. Tu tarea es ser parte de ese proceso de tu amigo destrozado. Nada de intentar reparaciones. Nada de darle charlas explicándole que todo pasa y que volverá a ser feliz. Nada de hacer sugerencias sobre cómo debería evolucionar hasta que el dolor desaparezca. Tu tarea consiste, únicamente, en estar ahí. Sirve de envoltorio, de aglutinante para lo que está roto.

Tu función, si decides aceptarla, es dar testimonio de algo hermoso y terrible al mismo tiempo, resistiendo la tendencia humana de arreglarlo todo.

Y eso es lo más difícil.

APRENDER A SER TESTIGO

Incluso sabiendo lo que sé, incluso con lo que personalmente he experimentado, incluso con lo que mis alumnos me han repetido una y otra vez, todavía me siento tentada a tratar el dolor de otra persona con palabras de consuelo. Aquellas frases gastadas y vacías, como «Al menos fuisteis felices mientras vivió» o «Todo pasa, tranquilo» siguen viniéndome a la mente.

Con todo lo que sé sobre la realidad del dolor, lo que ayuda y lo que no, *sigo* teniendo tendencia a equivocarme. Todos tenemos ese impulso de ayudar, es algo innato. Vemos sufrimiento y rápidamente queremos que se detenga. Vemos dolor y queremos intervenir. Necesitamos que todo vaya bien. El impulso de amar y calmar es humano. Y por eso ahora estamos aquí.

No nos gusta ver sufrir a nuestros seres queridos.

Cuando te pido que respondas de manera diferente no te estoy diciendo que suprimas dicho impulso natural de curar a los demás. Sería imposible. Lo que te *estoy pidiendo* es que notes tu impulso para mejorar las cosas y que no lo lleves a cabo. Haz una pausa antes de ofrecer apoyo, orientación o aliento.

En esa pausa puedes decidir cuál es la mejor vía de acción. El reconocimiento de la realidad del dolor suele ser una respuesta mucho mejor que tratar de solucionarlo. Lo que más se pide es dar fe. ¿Tu amigo necesita que lo escuchen? ¿Necesita tener la seguridad absoluta del horror que está viviendo y necesita que le sirvas de espejo y le devuelvas esa imagen?

Parece contradictorio, pero la manera de ser verdaderamente útil para alguien en duelo es *dejar que sufran tranquilos su dolor*. Permítele compartir cuánto duele esto, lo difícil que es, sin saltar a consolarlo, sin minimizar su sufrimiento ni pretender que sienta de otro modo. Esa pausa de la que hablo, entre el impulso de ayudar y la acción, te permite llegar al dolor ajeno con habilidad y con amor. Esa pausa te permite recordar que tu función es la de testigo, no de solucionador de problemas.

EN ESTE TEMA ES BUENO SER UN BICHO RARO

Es más difícil decir: «Esto es un asco y no hay nada que podamos hacer. Pero estoy aquí y te quiero», que todas esas estúpidas palabras estándar de consuelo. Es mucho más difícil, pero mucho más útil, afectuoso y considerado. No puedes curar el dolor de alguien tratando de quitárselo. El reconocimiento del dolor es un alivio en sí mismo. Todo el drama se vuelve más ligero y soportable cuando se nos permite decir la verdad.

En su ensayo *The Gift of Presence, the Perils of Advice*, el escritor y educador Parker Palmer escribe: «El alma humana no quiere consejos, ni reparaciones ni la salvación. Sólo quiere ser atestiguada, ser vista, oída y acompañada exactamente tal y como es. Cuando reverenciamos profundamente al alma de una persona que sufre, nuestro respeto refuerza los recursos de curación de su alma, los únicos verdaderamente capaces de ayudar al paciente».[15]

Todos somos, como dicen algunos místicos, parte de la nube de testigos. Estamos llamados a dar testimonio del dolor que no tiene arreglo, el nuestro, el de los demás, el del mundo. Reconocer la realidad del dolor algunas veces. Reconocer cuánto nos pide la vida.

El papel del equipo de apoyo es reconocer y acompañar a quienes sufren, no tratar de curarlos. Son habilidades de alto nivel. No siempre son fáciles de practicar. Pero son sencillas. Estar presente. Escuchar. No arreglar nada.

A medida que vayamos practicando estas nuevas habilidades, más de una vez cometeremos torpezas. No pasa nada.

■ ■ ■

Las personas en duelo preferirían que te equivocaras con tus actos de testigo de su dolor antes que afirmar con seguridad que las cosas no son tan malas como parecen.

No siempre se puede cambiar el dolor, pero puede cambiar la forma en que *escucha* al dolor y la forma en que se *responde* a él. Cuando el dolor existe, que exista, dejémoslo existir. Demos fe de él. Asegurémonos de que nuestro ser querido diga «¡Cómo duele!», sin apresurarnos a curarlo. Dejémosle espacio.

Como persona de apoyo, lo que se te pide es compañía en el sufrimiento. Al no ofrecer soluciones para lo que es insolvente, puedes mejorar las cosas aun sin corregirlas.

---

15. Parker Palmer, «The Gift of Presence, the Perils of Advice», en *Being*, 27 de abril de 2016, en www.being.org/blog/ the-gift-of-carrito-the-perils of advice/

¿CÓMO CONVERTIRSE EN PERSONAS QUE «LO HAN CAPTADO»?

Es muy difícil querer a alguien que sufre. Lo sé.

Sería genial tener una palabra clave, una insignia o algo, que advierta a las personas sobre un problema tan delicado como es el soporte a alguien que sufre. Cuando Matt murió, hubiese querido llevar un cartel que dijera: «Por favor, disculpe mi comportamiento. Mi compañero acaba de morir y ya no soy yo misma».

Sería genial si las personas tuvieran un manual de instrucciones: *Cuando estoy triste, haz tal y tal cosa, por favor. Sabrás parar cuando me veas hacer o decir tal y cual cosa.* Desafortunadamente (o afortunadamente), no podemos leer la mente de los demás. Podemos mejorar las cosas al practicar la atención y la comunicación abierta a lo largo de toda la vida, con todas nuestras relaciones.

Como cualquier otra habilidad, dar fe del dolor será más fácil cuanto más lo practiques. Saber cómo responder será más intuitivo. Lo que parece torpe y ortopédico se irá volviendo no fácil del todo, pero sí mucho más fácil que antes.

Éstas son habilidades que siempre vas a necesitar. Experimentarás y serás testigo del sufrimiento a menudo en tu vida. Desde factores estresantes pequeños hasta pérdidas catastróficas, el dolor está en todas partes.

La llamada para dar fe del sufrimiento ajeno es algo que todos tenemos que aprender. Si ya eres bueno en otras áreas sociales de tu vida, aprovéchalo para acompañar a tu amigo afligido en su duelo. Cuanto más intenso sea el sufrimiento de aquél al que estás ayudando, más tentador será tratar de eliminarlo. En ese caso, quédate quieto. Es bueno retroceder cuando ves que no eres de ayuda; pero no te alejes, no abandones al que sufre. Quédate quieto pero a su lado.

AL GRANO:
¿CUÁLES SON LAS HABILIDADES?

Es importante hablar sobre el alcance amplio y profundo de lo que significa acompañar a alguien en su duelo. Al mismo tiempo, necesitamos cosas concretas y específicas para *hacer* frente al sufrimiento ajeno. Tu función no es sólo pasar el rato a su lado y transmitirle amor. (Quiero decir que está bien que hagas eso, pero también hay otras cosas).

Manifiéstate, di algo

Se suele establecer una especie de danza complicada entre las personas en duelo y su gente de apoyo: todo el mundo quieren prestar apoyo, pero nadie quiere entrometerse. En ocasiones les asusta empeorar las cosas, así que no dicen nada. Se alejan por no molestar en lugar de arriesgarse a una conexión imperfecta.

En un artículo para *The Guardian*, el escritor Giles Fraser lo llama «la doble soledad»: además de la pérdida de un ser querido, el afligido pierde la conexión y la alianza con las personas que los rodean.[16] Por temor a empeorar las cosas, la gente desaparece y se queda en silencio justo cuando más se las necesita.

Solía decirles a mis amigos que no había manera de que salieran bien parados. Si me llamaban con demasiada frecuencia (demasiada para mi gusto en un momento dado), me estaban agobiando. Si no me llamaban con la suficiente frecuencia (siempre a mi entender), estaban pasando de mí olímpicamente. Si me topaba con alguien en el súper y no me decía nada, me sentía ignorada, ninguneada. Si me pregunta-

---

16. Giles Fraser, «We Cannot Fix People's Grief, Only Sit with Them, in Their Darkness», en *The Guardian*, 14 de abril de 2016, www.theguardian.com/commentisfree/belief/2016/apr/14/we-cannot-fix-peoples-grief-only-sit-with-them-in-their-darkness

ban cómo me sentía, me ofendía que se metieran en mis cosas y me recordaran mi tragedia.

Cuidar a la gente en duelo es difícil. A veces es un completo desastre.

Lo importante es recordar que no necesitamos que seas perfecto. Está bien, más que bien, empezar una conversación con un: «No tengo ni idea de qué decir porque sé que nada de lo que diga te va a ayudar». O bien: «Quiero darte espacio y privacidad, pero también estoy preocupado por ti y quiero que sepas que estoy aquí para lo que necesites». Anunciar tu incomodidad te permite aparecer y estar presente sin molestar. Tratar de ocultar tu malestar sólo empeora las cosas. Desde la perspectiva del abatido, es un alivio estar cerca de aquellos que están dispuestos a sentirse incómodos y aparecer de todos modos.

Si no estás seguro de decir algo, pregunta. Lo importante es estar presente. Tu esfuerzo no pasará desapercibido y será apreciado.

Haz esto, no hagas aquello: una práctica lista de verificación

A menudo, cuando hablo sobre dar fe y estar presente, la gente me dice: «Vale, vale, eso puedo hacerlo, pero ¿qué es exactamente lo que debería evitar?».

Entiendo que quieras un mapa de carreteras. A todos nos gustan los pasos concretos de actuación, particularmente cuando nos enfrentamos a la tarea amorfa y desalentadora de apoyar a alguien en su duelo. Hay un ensayo en el anexo que resume cómo ser realmente útil en el duelo de alguien, así que échale un vistazo. Y aquí te presento algunos puntos más de utilidad:

No compares los duelos: Todo ser humano experimenta una pérdida en su vida, pero nadie siente el mismo dolor. Es tentador explicar la propia experiencia de duelo para que la persona que sufre sepa que la comprendemos. Pero no lo podemos comprender realmente porque no somos ella. Incluso si tu pérdida es muy similar, resiste la tentación comparar ambas tragedias como si fueran un punto de conexión.

Hacer: Haz preguntas sobre la experiencia de tu amigo. Puedes conectar con alguien mostrando curiosidad sobre cómo está viviendo personalmente la experiencia. Si has tenido una experiencia similar, puedes hacerle saber que estás familiarizado con lo extraña y abrumadora que puede ser la pena. Apunta sólo que conoces el territorio general, pero no que «sabes por lo que está pasando».

No compruebes los hechos y no corrijas: Especialmente en duelo temprano, la línea temporal de una persona y sus fuentes de datos internas pueden ser verdaderamente confusas. Pueden tener fechas incorrectas, recordar cosas diferentes de lo que realmente fueron. Es posible que tengan una opinión diferente sobre sus relaciones, o qué sucedió exactamente, cuándo y con quién. Resiste la tentación de corregirlos.

Hacer: Déjalos tener su propia experiencia. No importa quién hace las cosas «mejor». Esto no es una competición.

No minimizar: Se te puede pasar por la cabeza que el sufrimiento de tu amigo está fuera de toda proporción sensata. Es tentador corregirlo y hacerle ver que está siendo «poco realista».

Hacer: Recuerda que el duelo pertenece al afectado. Tus opiniones sobre su pena son irrelevantes. Es él quien decide lo mal que se siente, al igual que tú lo decides en tu propia vida.

No seas pelota: Cuando alguien a quien quieres está sufriendo, no hace falta que le recuerdes lo inteligente, guapa, ingeniosa bondadosa que es. No le digas que es fuerte y muy valiente. La pena no implica falta de autoconfianza.

Hacer: Recuerda que todas esas cosas que te gustan de tu amigo, todo lo que en él admiras, le ayudará a avanzar en esta experiencia. Recuérdale que estás allí y que siempre puede apoyarse en ti cuando la carga de la pena resulta demasiado pesada. Deja que sea un verdadero desastre, no le obligues a mostrarte sólo la cara valiente y fuerte.

No te conviertas en una animadora: Cuando las cosas se ponen oscuras, deja que reine la oscuridad. No todos los rincones necesitan la brillante luz del estímulo. De manera similar, no alientes a alguien a dar gracias por las cosas buenas que quedan en su vida. Las cosas buenas y las cosas malas ocupan el mismo espacio; no se anulan entre sí ni se compensan.

Hacer: Refleja tu conformidad con sus sentimientos. Cuando diga: «Menudo asco» di que sí, que es verdad. Es asombroso lo mucho que eso ayuda.

No hables del futuro: Cuando alguien a quien quieres siente dolor, es tentador hablar del maravilloso futuro que le espera, de todo lo bueno que le queda por vivir. En este momento preciso el futuro es irrelevante.

Hacer: Permanecer en el presente en las conversaciones. Y si la persona se pone a hablar del pasado, únete, pero sólo si es él quien saca el tema. Permítele elegir entre el presente o el pasado.

No evangelices (primera parte): «Tendrías que ir a bailar; a mí me ayudó mucho». «¿Has probado aceites esenciales para animarte?». «La melatonina ayuda a dormir. Deberías probarla». Si hay algo que te va bien a ti es tentador extrapolar tu experiencia a los demás. Por desgracia, tus sugerencias sonarán ofensivas y condescendientes, a menos que la persona solicite específicamente una sugerencia o información.

Hacer: Confiar en que esa persona tiene inteligencia y experiencia para cuidar de sí misma. Si no duerme bien, sabrá buscarse la vida yendo al médico o buscando en Google. Si la ves sufrir por algún problema de salud, por ejemplo, pregúntale si quiere saber lo que hiciste tú en sus mismas circunstancias.

No le metas soluciones por la boca (evangelización, segunda parte): En todas circunstancias –no sólo en el duelo– es importante saber si nuestro amigo está pidiendo tu opinión antes de dar consejos u ofrecer estrategias. En la mayoría de los casos, sólo quiere ser escuchado y validado en su pena.

Hacer: Obtén consentimiento. Antes de dar soluciones puedes hacer la pregunta de mi amiga y colega Kate McCombs: «¿Quieres empatía o me pides una estrategia en este momento?». Respeta su respuesta.

Hay un millón de puntos más que podríamos comentar sobre qué hacer y qué no hacer, pero esta lista es un buen punto de partida. No es que todos estos enfoques que empiezan por «no» sean malos, pero no son efectivos. Cuando tu objetivo es apoyar a tu amigo, elige lo que tenga más probabilidades de ayudarlo a alcanzar el objetivo.

¿CÓMO ES QUE TODO ESO NO ESTÁ RESULTANDO DE AYUDA? ¡SI ESTOY HACIENDO TODO LO CORRECTO!

Importante: en ocasiones puedes hacerlo todo bien y tu amigo pasará de responder a tus mensajes o aceptar tus invitaciones. O puede que, por el contrario, demuestre que tu apoyo lo está ayudando.

Recuerda que «ayudar» no implica reducir el dolor; basta con saber que la persona afligida se siente apoyada y reconocida dentro de su dolor. Pero incluso si su intención es apoyarle activamente, puede que tu amigo sienta que aún no es el momento.

Tu intención es importante, aquí lo que manda es *cómo se siente la persona que está haciendo su duelo.*

Hace mucho tiempo, yo era una educadora consciente del problema de la violencia sexual. A menudo daba charlas sobre lo que define el acoso sexual. Algunos años después de la muerte de Matt, estaba hablando con un amigo mío editor. Nos preguntábamos cómo describir la discrepancia entre lo que una persona pretende y lo que experimenta la persona en duelo. Mencioné las similitudes entre el acoso sexual y el apoyo a la pena. Mi amigo se asustó con semejante comparación: «¡No puedes decirle a alguien que está intentando ayudar en un proceso de duelo que es como un acosador sexual!». ¡Por supuesto que no! El acoso sexual es una cosa completamente diferente. Pero sí que hay ciertos puntos de unión, en el sentido de que la realidad de la situación está definida por el *receptor* de la atención, no por las intenciones de la persona que presta la atención. Las formas lo son todo en estos casos. No tienes que estar de acuerdo en cómo se siente la persona afligida, pero tienes que respetarlo.

Que quieras hacer algo bueno no significa que tu amigo lo reciba de esa manera. Por eso es tan importante verificar. Verificar para ver cómo van las cosas es un acto de bondad que hace mucho para las relaciones con alguien que está en duelo.

Recuerda siempre que tu objetivo es ser un soporte servicial. Eso significa estar dispuesto a *dejar de lado* tu propias opiniones, lo que te crees tú que va a ayudar, para ser genuinamente curioso y receptivo con lo que tu amigo necesita realmente.

NO TE LO TOMES COMO ALGO PERSONAL (¡NADA DE AVASALLAR CON TU AMOR Y ATENCIÓN!)

Honestamente, cuando se trata del apoyo en el duelo, me resulta más fácil educar a los verdaderos ignorantes que a la gente más cultivada. Cuando alguien ajeno a mi vida me espetaba un comentario despectivo sobre mi duelo, no tenía el menor problema en darles un zasca. Pero a las personas que más me querían, que me querían ayudar a toda costa y aparecer en todo momento y estar allí en medio de todo, eran imposibles de soportar. No tenía presencia de ánimo para desmentir sus suposiciones o consejos. Su atención era agotadora muchas veces. En el duelo temprano, la persona afectada tiene una reserva de energía tan baja que simplemente no puede enfrentarse con nadie ni comportarse como solía, de la forma en que todos estáis acostumbrados. Como sigo diciendo, el duelo es muy complicado. Nadie sale ganando.

Acabo de decir que deberías hacer preguntas a tus amigos, sentir curiosidad por lo que necesitan, lo que quieren, asegurarte de ver cómo les están sentando tus actos y evaluarlos de nuevo según sea necesario. A veces, lo más proactivo que puedes hacer es mostrar tu apoyo pidiéndoles opinión para poder serles más útil. Y aun así, es posible que se cierren más en sí mismos.

Déjame ponerte un ejemplo porque éste es un terreno realmente delicado. Antes de que Matt muriera, yo tenía amigos estupendos en mi vida. Emocionalmente hábiles, sensibles, amigos fantásticos. A veces, nuestras interacciones fueron increíblemente agotadoras en mi duelo inicial, precisamente *porque* querían saber qué podían hacer para ayudarme. Me lo preguntaban. Y volvían a preguntar. Y siguieron preguntando. Necesitaban saber reconocer los límites. Cómo asistirme mejor. Saber cuál era la mejor manera de hacerme preguntas, la mejor manera de darme mi espacio. Pero yo sentía una excesiva presión, no tenía tiempo ni ganas de decirles cómo cuidarme. Era demasiado para mí en ese momento. Así que empecé a alejarme. Simplemente no tenía la energía para atender a las amistades. Se me pidió, repetidamente, un poquito de *feedback,* alguna sugerencia. Tuve que evitar a las mejores personas que ha habido en mi vida.

Piénsalo así: tu amigo afligido habla un idioma que sólo otra persona en el mundo sabía hablar, y esa persona murió. Te gustaría pedirle que te enseñe ese idioma para poder hablar con él. No importa lo que le tengas que decir: no puede enseñarte ese idioma. Salir de su pena profunda para enseñarte sintaxis, gramática y vocabulario, todo para regresar luego a su estado de silencio es imposible. No puede acceder a esa parte de la mente capaz de dar lecciones y hacer comentarios.

En cierto modo, te estoy pidiendo dos cosas contradictorias: acercarte y quedarte atrás. Atiende a tu amigo, sé curioso y responde a sus necesidades. Al mismo tiempo, no le pidas que se esfuerce por ti. Observa cómo están las cosas, pero en esos primeros días, no esperes ni exijas que aparezca en escena con todas sus habilidades relacionales normales. Ahora mismo no tiene ninguna. Pedirle a la persona afligida que te eduque para ayudarlo es una pérdida de tiempo.

Lo normal sería que la persona afligida informara claramente sobre cuándo se le está agobiando o cuando algo le molesta. Pero es poco probable que lo haga. Es siempre responsabilidad del demandante solicitar lo que necesita. Pero no lo hará. Recurre a lo que sabes de él, desde el momento antes de que el dolor irrumpiera en su vida. Úsalo como una brújula para guiarte.

No te rindas.

Esto es lo que la gente afligida quiere saber: te queremos. Todavía te queremos, aunque nuestras vidas se han oscurecido por completo y parezca que no puedes acercarte a nosotros. Por favor, quédate.

Es un inmenso alivio pasar tiempo con gente capaz de aceptar la realidad del duelo ajeno sin abrir mucho la boca. Es un alivio estar con personas que están ahí sea lo que sea que surja, desde reír como locos hasta llorar descontroladamente, todo ello en el espacio de pocos minutos. Tu uniformidad, tu presencia firme, es lo mejor que puedes dar.

No vas a hacer todas estas cosas a la perfección, ni esperamos que lo hagas. Sólo puedes apuntar hacia el camino correcto.

Por todo lo que has hecho, por todo lo que has intentado hacer, apreciamos tu esfuerzo. Gracias.

Para obtener más información sobre cómo ayudar a las personas en duelo, consulta «Cómo ayudar a un amigo en duelo» en el anexo.

PARTE IV

LA VÍA PARA
AVANZAR

15

LA TRIBU DEL DESPUÉS

Compañerismo, esperanza auténtica
e ir hacia adelante

El compañerismo, la reflexión y la conexión son partes vitales para el superviviente del dolor. Como mencioné al principio de este libro, el apego es la supervivencia. Nos necesitamos los unos a los otros.

La pena ya es una experiencia solitaria. Reorganiza tu lista de contactos: las personas que pensaste que permanecerían a tu lado en cualquier circunstancia han desaparecido o se han portado tan mal que las eliminas tú mismo. Incluso aquellos que realmente te quieren, aquellos que deseas más que nada que se queden a tu lado, brillan por su ausencia. Puedes sentir que perdiste el mundo entero junto con la persona que murió. Muchas personas afligidas sienten que están en otro planeta, o quisieran largarse a otra galaxia. En algún lugar hay más gente como ellos. Personas que entienden.

Todos necesitamos un lugar donde podamos decir la verdad sobre lo difícil que es esto. Todos necesitamos un sitio donde podamos compartir lo que realmente está sucediendo, sin sentirnos corregidos o puntualizados. Si bien algunos amigos y familiares lo hacen bien, he descubierto que es la comunidad de compañeros la que mejor entiende el tema.

Conozco a mi amiga Elea desde hace años. Originalmente nos conocimos *online* y no nos conocimos en persona hasta mucho después de que nos hiciéramos amigas. Ella se fue a Oregón en bici un verano, así que decidimos encontrarnos en Seaside. Cuando llegué, había cientos y cientos de personas dando vueltas por todas partes, y tuve un momento de verdadera agorafobia: «¿Cómo voy a reconocerla con todo este gentío? Sólo la he visto en foto. No es como para acercarte a alguien y decirle: "Hola, perdona ¿nos conocemos?"». Pero luego pensé: «Bueno, tiene que estar con su hijo, Vasu, así que lo buscaré él. Vamos, que reconocería a ese niño en cualquier parte. Por lo tanto, sólo buscaré a Vasu».

Pasaron varios segundos antes de que me acordara: Vasu está muerto. Murió el mismo año que Matt. Nunca conocí a ese niño. La única razón por la que he hecho amistad con Elea es porque su hijo está muerto. De hecho, la única razón por la que conozco a mucha gente en mi vida es porque alguien está muerto.

Esas personas son la razón por la pude sobrevivir.

Muchas de las cosas hermosas de mi vida actual provienen de la comunidad de gente en duelo: es uno de los pocos regalos auténticos que me trajo la pérdida. Todos nosotros cambiaríamos gustosamente la comunidad de amigos que hemos hecho por la vida que perdimos, y podemos decirlo sin remordimientos. Y cada uno de nosotros amaremos, protegeremos y honraremos a los que hemos conocido aquí, en esta vida que no queríamos.

« Mi corazón está destrozado todavía. Se está curando, lentamente, a su manera y a su ritmo. Siempre tendrá agujeros y tal vez alguna otra evidencia de una pérdida tan profunda y dolorosa, nunca seré la misma que antes. Es a la vez más fuerte y más frágil. Más abierto, aún siendo cerrado.

Nuestras pérdidas son diferentes, pero entiendo la tuya. Oigo tus palabras y siento dolor porque todo me remonta a las mismas raíces. Reconozco tu dolor porque he sentido el mío. Nuestras historias no son las mismas, y el nombre de nuestra pérdida y lo que sufrimos puede ser diferente, pero quiero que sepas que reconozco que tu pérdida es verdadera y real.

Por encima de todo, quiero que sientas que tu pérdida está validada. Aceptada.

Te escucho.

Me inclino ante ti.

GRACE, estudiante de Writing Your Grief,
para su grupo tras la muerte de su hermano

ACOMPAÑADOS EN LA SOLEDAD

Escribo y hablo sobre el dolor casi todo el tiempo, todos los días. Mis textos, mis talleres, mis cursos: todo lo que hago tiene la intención de brindar cierto alivio a quienes sufren. Compartir historias de dolor de mi propia vida y de la vida de mis alumnos me permite decirte que no estás solo.

Pero ahí es donde el lenguaje se vuelve complicado, especialmente en el duelo temprano. Si una pérdida intensa ha llegado a tu vida, una cosa que escucharás a menudo es «No estás solo». Y eso no es del todo cierto.

No importa cuántas veces las personas te digan que están aquí para ayudarte, no importa lo bien que se *estén* portando, nadie puede «sufrir» la pena contigo. Nadie puede entrar en tu mente y en tu corazón y quedarse allí contigo. No es sólo una cuestión de semántica.

Estás solo en tu duelo. Solo tú tienes conocimiento de cómo vives tu dolor por dentro. Solo tú conoces todos los detalles, la sutileza y el matiz de lo que sucedió y lo que perdiste. Sólo tú sabes lo profundamente que ha cambiado tu vida. Sólo tú tienes que enfrentarte a esto, dentro de tu propio corazón. Nadie puede estar contigo.

No importa si alguien ha tenido una pérdida semejante a la suya. Hay un cuento que recorre el mundo del dolor: se llama «La gacela beduina»; puedes encontrar una versión en el libro *Cuentos populares árabes*. Es la historia de un hombre que encuentra muerto a su hijo. Para suavizarle la noticia a su esposa, envuelve a su hijo con una capa y le dice a su mujer que le ha traído una gacela de caza. Para cocinarlo, ella tenía que conseguir una olla prestada de una casa que nunca hubiera conocido el sufrimiento. La mujer fue de puerta en puerta por su pueblo, pidiendo una olla. Pero todo el mundo le contaba alguna historia de pérdida que había sacudido a su familia. La esposa regresa a casa con las manos vacías, diciendo: «No hay ollas que no hayan cocinado alguna comida triste». Entonces, el marido abrió su capa, mostró al hijo muerto y dijo: «Es nuestro turno de cocinar comidas tristes, porque ésta es mi gacela».

Una interpretación de esta historia es que todo el mundo se lamenta tarde o temprano. Ya sea esta versión del cuento popular, o la versión del gurú y la semilla de mostaza, o cualquiera de las otras versiones que puedas encontrar, la idea común es la misma: todo el mundo se lamenta tarde o temprano.

No hay un hogar, ni una sola vida, sin dolor.

Lo que odio de esa interpretación es la segunda mitad implícita: todos se lamentan, luego tu pena no tiene nada de especial. En otras palabras: ¡espabila! Nadie va a cuidar de ti porque cada palo aguanta su vela. El hecho de que solo seas el único en experimentar una pérdida significa que no tienes derecho a un dolor tan profundo. Se te pide que te moderes porque otros también lo han sentido.

Pero hay otra forma de verlo.

Mientras la mujer iba de casa en casa, sin saber nada de la pena que la esperaba en la suya, conoció el sufrimiento de los demás. Supo, de antemano, qué familias habían sufrido una pérdida como la que estaba a punto de experimentar. Sin saberlo, sentó las bases para encontrar su propio equipo de apoyo dentro de la tribu. Ese recorrido de puerta en puerta la preparó para lo que estaba a punto de pasarle a ella, susurrándole: «Conócelos. Conócelos. Estarás sola en tu dolor, intensamente sola, y toda esa gente sabrá por lo que estás pasando».

Que otras personas hayan experimentado dolor, incluso un dolor que se parezca mucho al tuyo, no sirve de nada. Pero sirve para señalarte el camino a aquellos que ya lo han vivido. Sirve para presentarte a tu nueva tribu.

Sirve para decirte quién puede escuchar tu pena, quién puede estar a tu lado y dar fe de tu tragedia.

Ese día, en Seaside, esperaba ver al hijo de Elea porque, como parte de mi tribu elegida, su hijo era real para mí. Era real porque había escuchado las historias que me contaba Elea. Porque las historias de sufrimiento se sienten desde dentro del corazón. Conocía a su hijo a través de ambas cosas. Vasu era real, no sólo porque podía ver imágenes suyas feliz y vivo; era real porque podía presenciar su vida tras la historia de cada fotografía que comparte su madre. Pude ver las noches sin dormir en la cara de mi amiga. Pude ver que Vasu se convertía, como Elea escribió, «más en un tumor que en un niño». Incluso tengo la oportunidad de ver los días en que la muerte llegó y el niño se fue, y el día en que la muerte llegó y se quedó para siempre. Puedo ver cómo el dolor se adentra en ella, puedo seguir cada paso. Puedo ver el amor hermanado con la desesperación, y ella también puede ver el mío. Nos escuchamos. Duele. Y estamos tan cómodas con el dolor de la otra como con el amor. Todo es bienvenido.

Y ésa es la cuestión. Todo es bienvenido en una comunidad de pérdida. Sabemos que estamos solos y, al mismo tiempo, no estamos solos en esto. Estamos acompañados en la inmensa soledad. Nos escuchamos. No arregla nada, pero hace que las cosas se vivan de otra manera.

La tristeza se alivia con contacto humano.

Dra. PAULINE BOSS[17]

PARENTESCO Y RECONOCIMIENTO

Encontrar a gente que haya compartido una pena profunda semejante a la tuya te demuestra que entienden lo solo que estás. Conocer a otros como tú te permite saber que todo lo que estás experimentando es normal, aunque parezca raro. Conocer personas que viven en este territorio de duelo valida la pesadilla de lo que ya sabes: hay cosas que nunca pueden «mejorar».

Te puede parecer que es lo contrario a ayudar, pero para aquellos que experimentan una pérdida tan profunda, conseguir que otros reconozcan las profundidades de su dolor puede salvarles la vida. Cuando alguien puede mirarte, ver y reconocer la devastación en el centro de tu vida, algo cambia. Ayuda de verdad. Puede que sea lo único que ayude.

El compañerismo dentro de la pérdida es uno de los mejores indicadores no de «recuperación», sino de supervivencia. La supervivencia es algo que cada cual puede conseguir por su cuenta, sin duda alguna, pero resulta mucho más fácil cuando te mueves con una tribu amplia de corazones afligidos.

«La muerte forma una familia.
doy un paso adelante en el círculo
de madres, padres, hijas, hijos, compañeros,
con lágrimas en los ojos para siempre

---

17. Pauline Boss, «The Myth of Closure», entrevista con Krista Tippett, *On Being*, 23 de junio de 2016, www.onbeing.org/programs/Pauline-boss-the-myth-of-closure/

esperando regresar al punto anterior,

esperando para correr.

Pero sin poder correr.

Me uno a las manos de los santos dolientes.

No podemos superar nuestro dolor y nos sumergimos en él.

Nos abrazamos con amor y luz.

Y nos tropezamos y nos cogemos los unos a los otros.

Y caminamos sin saber por qué

o adónde.

Meteoritos caen a la luz de la luna.

Y caminamos un ratito juntos.

KATHI THOMAS ROSEN, estudiante de Writing Your Grief,
sobre la muerte de su marido, Seth

LA TRIBU DEL DESPUÉS

Las gente que te rodea podría preocuparse por si pasas demasiado tiempo en blogs de duelo, leyendo libros sobre la muerte o hablando con personas que han sufrido una pérdida similar. Es ridículo. *Todos* buscamos la semejanza en nuestras relaciones. De manera natural gravitamos con quienes compartimos cosas importantes: intereses, pasatiempos, antecedentes. Nuestras vidas están construidas alrededor de lo que tenemos en común con otros. Por supuesto que vas buscando gente que sienta una pena como la tuya. Como escribió un terapeuta, tras una pérdida de esta magnitud, el mundo se divide entre los que saben y los que no. Hay una gran división entre tú y el mundo exterior. Si bien esa división no siempre resulta tan clara, con la muerte de un ser querido se ve con claridad. Y ahora es cuando necesitas una tribu.

Antes me disgustaba la palabra *tribu*. Es el nuevo vocabulario de Internet y lo odio. Pero habiendo vivido esto yo misma, habiendo encontrado a mi propia gente, y habiendo creado lugares para que las personas se encuentren entre sí, no puedo discutir la validez del término. Somos una tribu. La tribu del después. Después de la muerte, después de la pérdida, después de que todos los demás se hayan ido queda el compañerismo de otros afligidos.

Así es más fácil encontrar esa comunión, más fácil de lo que era cuando me quedé viuda En aquel entonces, casi no había nada. La mayoría de los recursos *online* para el apoyo de la pena entendían que debía tener más de setenta años, dado que había enviudado. Los pocos sitios que encontré que trataban la muerte accidental de la pareja a una edad temprana eran religiosos o intentaron derramar arcoíris maravillosos y finales felices sobre lo que no tiene arreglo ni cura. En general, las interpretaciones simplistas o reduccionistas nunca me gustaron antes de que Matt muriera y fueron intolerables después. Como persona artística, reflexiva, superinteligente y completamente imbécil, en una ciudad pequeña, solía que no encajaba en ese mundo. Pero una vez que Matt murió, ya no pertenecía a ninguna parte.

En aquel entonces, me pasaba interminables horas en Internet, buscando a alguien, a alguien que sonara como yo. Pieza a pieza, a través de una cadena enmarañada de comentarios laterales y fragmentos de información, saltando de un blog (entonces) oscuro a otro, encontré a mi gente.

Leer sus historias, escuchar la verdad de su propio dolor, tan severo y brutal, me ayudó de una manera que ninguna otra cosa podría haber conseguido. Aquellas personas que encontré, las que estaban a mi lado, las que estaban dispuestas a estar al lado del enorme agujero que se abrió en mi vida (y la suya) sin mirar hacia otro lado ni pretender encontrar belleza, *son* la razón por la que pude sobrevivir. Sus historias fueron el caminito de migas de pan que seguí cuando me sentí perdida, y me perdí mucho. Este viejo adagio «Vivimos sobre los hombros de los gigantes», no puede ser más cierto. Sobreviví a lo que era insostenible gracias a sus corazones gigantes. Por lo que creamos juntos. Por las historias que contamos.

Reflejamos nuestro mundo roto los unos a los otros.

Mis compañeras viudas, mis compañeros dolientes, los otros corazones rotos, todos juntos tejemos una historia de supervivencia dentro de una pena profunda que no tiene arreglo. Y lo hacemos diciendo la verdad. Aceptamos la inmóvil realidad de la pérdida. Permanecemos juntos dentro del dolor. Reconocemos la verdad de cada uno.

Ése es el poder del reconocimiento: aparece junto al dolor como compañero, no como solución. Así es como superamos esto, al lado de otras personas devastadas y con el corazón roto. No intentamos arreglarlo. No tratamos de embellecerlo. Sino diciendo la verdad y haciendo que dicha verdad sea atestiguada, reconocida, escuchada.

NOS NECESITAMOS LOS UNOS A LOS OTROS

Mira, éste es el trato. Nunca quise ser una terapeuta del dolor. Si Matt no hubiera muerto, probablemente habría abandonado el campo de la terapia. En los días previos a la muerte de Matt, le dije que estaba cansada de tratar con el dolor. Tras su muerte cerré mi consulta. Nunca volví a ver a mis clientes.

Pero la pena hizo que me sintiera sola de una manera que nunca había conocido, sabiendo a ciencia cierta que estaba sola. Esa soledad me llevó a buscar gente que se convirtiera en mi tribu. La búsqueda de una aguja en un pajar, con todos sus callejones sin salida y sus giros y decepciones, es la razón por la que hago el trabajo que actualmente realizo. No podía soportar la idea de que más gente fuera arrojada al mundo del dolor sin encontrar nada, sin oír nada que se pareciera a lo que están pasando.

Regresé a este campo porque vi lo poderosa que puede ser la conexión humana. Como dije antes, la escritura siempre ha sido mi medio preferido. Cuando comencé este trabajo, escribí para dar a los demás lo que más necesitan: compañerismo, reconocimiento, supervivencia. Escribo porque mis palabras ayudan. Escribo para hacer que la conexión dentro en el dolor sea más fácil de encontrar. Creé cosas (libros, blogs, cursos, talleres), porque si podía contribuir en algo para hacer esta carga más liviana y menos solitaria, tenía que hacerlo, ya fuese para mucha gente, para un puñado o para una sola. ¿Qué más puedo hacer?

Hay muchas palabras en este libro que han sido tomadas de mis cursos Writing Your Grief. En los últimos años, he tenido el privilegio de leer, y presenciar, muchas historias hermosas y horribles al mismo tiempo. Los estudiantes que han asistido a estos cursos me sorprenden, una y otra vez, con su capacidad para amar, su capacidad para presenciar, su capacidad para acercarse los unos a los otros con amabilidad y aceptación. Desde sus cautelosos primeros días *online* hasta lo que ahora son años de apoyo, estos escritores se han convertido en una familia para los demás. Dan la bienvenida a cada nueva persona, a cada nueva historia, con afecto y validación. Lo que hemos hecho, entre todos, es darle espacio a la devastación que nos une.

Lo que me ayudó a sobrevivir es lo que les ayuda a sobrevivir a ellos, y es lo que te ayudará a sobrevivir a ti. Es compañerismo desde el dolor. Es el poder de la presencia y del testimonio. No es magia; es amor. Amor que no se aleja.

Puedes encontrarlo escribiendo junto con otras personas. Podrías encontrarlo en algún otro foro. Podrías encontrarlo en la vida real u *online*. Lo importante es que encuentres un lugar donde tu pérdida sea valorada, respetada y escuchada. Cuando te han arrancado el centro de tu vida, necesitas la compañía de otros que puedan quedarse quietos al lado del agujero y no darse la vuelta.

>> Qué hermoso grupo somos de gente bella y afligida por el dolor. Extrañaré todas las voces, incluso las silenciosas. Siempre he sabido cuando a una voz tranquila y silenciosa le gusta un post. Quiero que cada uno de nosotros, incluida yo misma, continuemos llegando a aquellos que comprenden la pérdida y el dolor, que encontremos algo de comodidad serenidad en nuestros días, deseo que otros grupos oigan lo que decimos y compartamos sus propias voces de pérdida. Qué gran coro

hemos creado con este grupo, qué música más bonita compartimos. He escuchado cánticos a la vida, desesperación, corales de amor, óperas de pérdida. Por favor, seguid escribiendo, cada uno de vosotros. Espero volver a escuchar todas vuestras voces, en otro grupo, en vuestros blogs o en algún lugar de Internet. Espero que la sincronicidad del universo vuelva a unir nuestras voces de pérdida, mezcladas con otras voces y otros grupos.

Espero que cada uno de nosotros encuentre momentos para compartir con alguien que entienda lo que realmente es la pérdida, que nos ayude a preparar un lugar en la mesa para aquellos que no están aquí, que entiendan el dolor. Saludos, amigos. Me inclino ante todos vosotros.

CHRIS GLOIN, estudiante de Writing Your Grief,
sobre la muerte de su esposo, Bill

UNA CULTURA DE BONDAD

Estar con gente que entiende la profundidad de tu dolor no soluciona nada en sí. Como he dicho un millón de veces, algunas cosas no tienen arreglo; sólo se pueden sobrellevar. Un dolor como el tuyo, un amor como el tuyo, solamente puede ser sobrellevado.

La supervivencia en el dolor, incluso aunque se construya una nueva vida junto al dolor, tiene voluntad de dar testimonio, tanto a ti mismo como a los demás que se encuentran con una vida que no vieron venir. Juntos, creamos una verdadera luz de esperanza para nosotros y para los demás. Nos necesitamos mutuamente para sobrevivir.

Te deseo que encuentres la tribu a la que perteneces, gente que verá tu dolor, te acompañará, se mantendrán cerca, aunque el pesado arrastrar de la pena sea sólo asunto tuyo. Por más difíciles que parezcan de encontrar, tu comunidad está ahí fuera. Búscalos. Acéptalos. Formarás con ellos una vasta flota de luz que pueda sostenerte.

Uno de mis alumnos describió nuestra comunidad de escritores como una *cultura de bondad*. Eso es lo que quiero para ti. Hay más lugares donde encontrar esta cultura, más oportunidades para crear nuevas culturas de las que había hace unos pocos años. En una vida que no pediste, en una vida que no viste venir, estas pequeñas islas de comunidad auténtica marcan la diferencia.

Se necesita un poco de tiempo y esfuerzo para encontrar esos lugares, lo sé. Son más fáciles de encontrar que antes, pero siguen siendo pocos. Lee todo lo que tu corazón y tu mente puedan tolerar. Lee los comentarios (ignora a la gente ignorante y las crueldades); pincha los enlaces que encuentres. Deja comentarios. Rastrea tu futura tribu a través del desierto de la pena hasta que encuentres su campamento o hagas uno propio. Puedo hablar maravillas al respecto para siempre, pero es lo único que sé: nos unimos al encontrarnos. Las voces de mi tribu original eran una rareza en mis inicios. Los encontré porque estaban dispuestos a ser encontrados. Escribir, comentar, conectar. Cuantas más formas encuentres para decir tu verdad, más fácil será que tu gente pueda encontrarte, más fácil será que tus palabras la encuentren. Enciende tu linterna. Levántala. Sigue mirando. Sigue encontrando.

Sé que es agotador. Todo esto es agotador. Y encontrar a tu tribu es lo único que puedo garantizar que te lo hará más fácil. El compañerismo y el parentesco son tu supervivencia. Incluso si piensas que es imposible, al menos tienes que estar dispuesto a ser encontrado. Sé feroz al respecto. Puede ser raro, pero no eres el único que vive una pesadilla. *Estamos* aquí y estamos escuchando.

Nadie puede entrar en el núcleo más profundo de la pena. Nosotros, incluso los que conocemos esa magnitud de dolor, no estamos dentro de ti, con tu dolor más profundo. Esa intimidad es solamente tuya.

Pero juntos nos reconocemos y nos inclinamos ante el dolor de los demás. Nuestros corazones han sufrido mucho. A través de ese sufrimiento, podemos estar presentes para los demás. Cuando nuestras palabras tocan las puertas de los corazones de los demás, nos convertimos en estaciones de paso entre nosotros.

La verdad es que no estás solo, al menos no del todo.

« Bendición

Que aquellos que lloran sepan que
nosotros lloramos contigo.
Compartimos diferentes penas juntos.
Que la pérdida que nos arranca de la comunidad
es precisamente la que nos une en esta tribu.
Nosotros, que somos testigos,
humanizamos cada experiencia ajena
con sólo escucharla.
En la oscuridad, una pequeña luz.
En la soledad una pequeña voz.
En el silencio, un poco de amor.
Un oído para escuchar,
otro corazón para compartir,
aunque sea un poquito,
el quebrantamiento.

RICHARD EDGAR, estudiante de Writing Your Grief,
sobre la pérdida del matrimonio, la identidad y la pertenencia

16

EL AMOR ES LO ÚNICO
QUE QUEDA

¿Cómo terminamos un libro sobre la pérdida sin acabar con el esperado final feliz? ¿Si no buscamos una transformación de premio o una promesa de que al final todo volverá a ser perfecto?

Pues terminaremos este libro con amor porque el amor es lo único que tenemos. Ni excelente ni suspenso. Simplemente es lo que es.

Lloramos porque amamos. La pena forma parte del amor.

Había amor en este mundo antes de tu pérdida, hay amor rodeándote ahora mismo y el amor permanecerá a tu lado, durante toda la vida que está por venir. Las formas cambiarán, pero el amor mismo nunca se va. No es suficiente y al mismo tiempo lo es todo.

Uno de mis maestros hablaba del principal ejercicio espiritual de su vida, que consistía en cruzar de un lado a otro sobre el puente que hay entre lo que era antes y lo que es ahora. Vivir en el dolor es cruzar y volver a cruzar una y otra vez dicho puente. La supervivencia en el dolor radica en encontrar la conexión entre la vida que fue y la vida que se te ha impuesto.

En realidad, no podemos aferrarnos a nada: ni al mundo físico, ni los estados anímicos, ni siquiera a nuestros propios pensamientos.

Pero el amor lo podemos llevar con nosotros siempre. Se desplaza y cambia como una fuerza natural porque es una fuerza natural, pero de alguna manera sigue siendo la base, los cimientos, el hogar. Conecta el ahora con lo que fue y lo que será. Nos permite viajar entre diferentes mundos.

>> Como estoy enamorada, ésta es la bendición que deseo para mí: la gracia de contemplar lo que sucedió ante mis ojos y aceptar cómo fue, cómo es, cómo éramos y cómo somos; la gracia de vivir de la forma que son las cosas ahora; el coraje de levantarme por la mañana; la capacidad de mirar un comedero de pájaros en la mesa del jardín o la luna llena o la inclinación del sol en el campo de golf de Santa Catalina, detrás de nuestra casa, y saber que hay bondad y dolor en el mundo y que yo soy parte de ambos.

Como estoy enamorada, ésta es la bendición que deseo para mí: estar en este espacio de luz, por pequeño que sea, aunque esté lleno de dolor, cada día, y mantener a raya la vorágine del caos, la oscuridad y la desintegración del Yo que se esconde y se agarra fuera de este espacio de amor. Ir poco a poco, para integrar el dolor, la rabia y la pérdida en el amor y para superar la oscuridad con luz. La suave luz del sol que se inclina, no es el áspero resplandor de la electricidad, sino la luz suave que revela, y también embellece, tanto lo intacto como lo roto.

Porque estoy enamorada de tu amor, Richard, y del amor de Dios, ésta es la bendición que quiero para mí: aceptarme como soy, amarme, perdonarme y permitirme crecer. Para encontrar una manera de estar en este mundo sin ti, por amor.

I. H., estudiante de Writing Your Grief,
sobre la muerte de su esposo, Richard

ESTÁ BIEN QUE NO ESTÉS BIEN; NO INTENTAS ESTAR BIEN

A menudo creemos que apoyarse en el amor arreglará las cosas, como si se tratara de una medicina mítica que elimina el sufrimiento y, niega todas las dificultades. Ése nunca ha sido el papel del amor. Amor, compañerismo, reconocimiento, esas cosas aparecen a tu lado y debajo de ti, para sostenerte en tu duelo, no para eliminarlo. No es un reemplazo de lo que has perdido y no hacen que tu mundo roto sea más fácil.

El amor es brutal a veces. Te pide más de lo que puedes dar. El amor en el duelo te ayuda a ser lo suficientemente fuerte como para soportar el peso de lo que se te pide. Se trata de encontrar maneras de entregarte, de mantenerte presente tanto en el dolor como en el amor que existe, al mismo tiempo.

La poeta Naomi Shihab Nye escribe: «El amor significa que respiras en dos países».[18] Salvar esa brecha entre la vida que fue y la vida actual, significa respirar, de alguna manera, en dos países: el amor existe en ambos, conecta ambos países.

Esto te va a doler, y tal vez durante mucho tiempo. Eso es justo lo que hacen los corazones rotos. El amor que conociste, el amor que soñaste, el amor que hicisteis crecer y creasteis juntos, eso es lo que te ayudará a superarlo. Es una balsa vasta y ancha que no puede romperse ni agotarse. Quizás olvides que está ahí a veces, pero siempre puedes volver a ella.

El universo entero puede desmoronarse (y lo hace), pero el amor nunca se irá. El amor está contigo aquí, especialmente en este momento. El amor es lo que nos sostiene. Cuando no hay nada más a qué aferrarse, queda el amor. Deja que te lleve hacia adelante.

---

18. Naomi Shihab Nye, *Words Under the Words: Selected Poems* (Portland, Oregón: Eighth Mountain Press, 1994).

Creo que el mundo fue creado y aprobado por el amor, que subsiste, es coherente y perdura gracias el amor y que todo lo que sea redimible, sólo puede serlo mediante el amor.

WENDELL BERRY, The Art of the Commonplace

LA TIERRA MEDIA DEL DUELO

Tenemos la idea de que sólo hay dos opciones en el duelo: estar triste para siempre y no salir de casa, o dejar atrás toda la tristeza y vivir una vida fabulosa. Pero la realidad es mucho más amplia: no estás condenado a la tristeza eterna ni forzado a un modelo de recuperación que no encaja contigo.

Hay un vasto terreno intermedio entre ambos extremos. Ese punto medio del duelo sólo lo puedes construir tú, tú solo, viviendo lo mejor que puedas con lo que sabes que es verdad para ti mismo, con el amor como guía y compañero. Construyes ese término medio ofreciéndote amabilidad. Y lo haces negándote a ceder ante el paradigma emocional dominante que dice que tu pena es un problema a resolver. Lo haces dándote todo el tiempo y el espacio que necesitas para estar roto. Nadie que entra en este terreno volverá a la vida que antes tuvo ni será lo que un día fue. Regresar no es posible. Lo que podemos hacer es atender las partes dañadas, los agujeros que han quedado en nuestras vidas. Podemos mantener lo que nos queda con bondad y amor. Podemos preguntarnos qué partes de nosotros mismos sobrevivieron a la explosión.

En una publicación de Facebook, Anne Lamott llamó a esto «amistad con nuestros propios corazones», y eso es exactamente lo que quiero decir. Encontrar tu camino intermedio en el duelo consiste en hacer amistad con tu propio corazón, construir un hogar dentro de ti. Es aprender a dar testimonio de tu propio dolor al tratarte como a alguien que amas. Es reclamar tu derecho a sentir dolor, sin eliminarlo ni hacerlo bonito para que la gente se sienta más cómoda. Se trata de encontrar a aquellos que pueden compartir este camino contigo, que no temen ver tu corazón en todo su dolor y toda su gracia.

Tu propio término medio aparecerá al experimentar con el dolor, encontrando formas de incluir esta experiencia en tu vida. Te cambiará, sí. En quién te conviertas, cómo lleves esta pérdida, se irá viendo con el tiempo. El punto medio se consigue trabajando progresivamente. No te pide que niegues tu dolor, ni que seas engullido por él. Simplemente te permite encontrar un hogar dentro de la realidad del amor, con todas sus partes hermosas y con las partes feas. Sostenido por el amor, es el único lugar donde estarás «seguro».

> Es tu vida. La que debes construir sobre las ruinas que ahora son tu mundo. La vida en la que todo lo que solías ser se ha borrado y ha desaparecido... Tus ruinas son la destrucción y la creación a la vez. Tus ruinas son negras, pero están repletas de una luz brillante. Es agua y tierra seca. Es barro y es maná. El verdadero trabajo de la profunda pena es aprender a construir un hogar ahí en medio.
>
> Cheryl Strayed, *Tiny Beautiful Things*

AVANZANDO, JUNTOS

No hay mucho que decir en este capítulo. Sé que nada es suficiente, ni este libro ni estas palabras. Nada puede conseguir que lo que te ha pasado se reciba bien. Mi esperanza es que hayas encontrado un poco de compañía en esta obra y que los ejercicios y prácticas te ayuden a vivir la vida que te ha tocado.

He tratado de decirte la verdad, de la mejor manera posible, sobre el dolor tal como lo conozco. Mi idea es darte un modelo para vivir, una hoja de ruta dentro de la oscuridad. Es una historia que desearía no tener que contar, pero es la que me ha tocado vivir.

A veces, el corazón se rompe de manera que no se puede recomponer. Esto siempre ha sido así. Tenemos que encontrar la forma de decir esta vieja verdad de una manera diferente, para que nunca dejemos de escucharla. Tenemos hablar para que los demás nos oigan, para que empiecen a escuchar de nuevo. Como James Baldwin escribe, no hay otro cuento que contar:

> Creole nos contó de qué se trataba el blues. No se trataba de nada nuevo. Él y sus muchachos, allí arriba, lo iban renovando, a riesgo de ruina, destrucción, locura y muerte, para encontrar nuevas formas de hacernos escuchar. Porque aunque que la historia de cómo sufrimos, cómo gozamos y cómo podemos triunfar nunca es nueva, siempre debe ser escuchada. No hay otro cuento que contar, es la única luz que tenemos en toda esta oscuridad.
>
> JAMES BALDWIN, «Sonny's Blues»[19]

Al decir la verdad sobre nuestros propios sentimientos, permitimos que otros a nuestro alrededor descubran también su propia verdad. Empezamos a cambiar el paradigma dominante que dice que el duelo es un problema que debe resolverse. Mejoramos al dar testimonio de lo que duele. Aprendemos cómo sobrevivir a todas las partes del amor, incluso a las difíciles.

Con sólo declarar la verdad, abrimos conversaciones sobre el duelo, que en realidad son conversaciones sobre el amor. Empezamos a amarnos mejor. Comenzamos a revisar la trama falsamente redentora que insiste, como cultura y como individuos, en que hay un final feliz para todo si nos fijamos lo suficiente. Dejamos de culparnos mutuamente por nuestra pena y, en su lugar, trabajamos juntos para cambiar lo que se puede cambiar y para sobrellevar lo que no se puede arreglar. Nos

---

19. James Baldwin, *Going to Meet the Man: Stories* (Nueva York: Vintage Books, 1995).

sentimos más cómodos escuchando la verdad, incluso cuando la verdad es devastadora.

Al decir la verdad y escucharla, mejoramos las cosas, aunque no podamos hacerlas bien. Compartimos desde dentro del duelo. Nos damos testimonio unos a otros. Ése es el camino del amor. Para eso estamos hechos. Ésa es la nueva historia de valentía, la nueva historia que necesitamos contar.

Sé que no pediste ser parte de esta historia. Ojalá no estuvieras aquí. No hay nada que hacer salvo darte la bienvenida. Eres parte del cambio que está sucediendo, tanto en tu propio corazón como en las mentes de los demás. Sólo por estar aquí, aparecer, mantenerte presente, elegir mostrarte amor y amabilidad en el duelo.

El reconocimiento lo es todo, por eso termino esta carta de amor del mismo modo que la empecé: lamento que necesites este libro, pero me alegro de que estés aquí.

Está bien que no estés bien.

Algunas cosas no se pueden arreglar. Sólo se pueden sobrellevar. Que este libro te ayude a sostener lo que es tuyo.

ANEXO

Cómo ayudar a un amigo en duelo

Mi ensayo sobre cómo ayudar a un amigo afligido se encuentra entre las tres publicaciones más compartidas que he escrito. Mucho de lo que he mencionado en la tercera parte se resume en este ensayo, así que lo incluí aquí. Te servirá para dárselo a amigos y familiares que quieran ayudar; encontrarás una copia para imprimir en www.refugeingrief.com/help-grieving-friend

He sido terapeuta durante más de diez años. Trabajé en servicios sociales en la década anterior. Ya conocía el dolor, en teoría. Sabía cómo manejarlo en mí misma y cómo atenderlo en los demás. Pero cuando mi compañero se ahogó, un día soleado de 2009, supe que el dolor era mucho más de lo que yo creía saber.

Mucha gente quiere ayudar a un amigo o familiar que ha sufrido una pérdida severa. Las palabras a menudo nos fallan en momentos como éstos, dejándonos tartamudeando por no saber encontrar lo más correcto para decir. Algunas personas tienen tanto miedo de decir o hacer algo equivocadamente que prefieren no hacer nada en absoluto. No hacer nada en absoluto es ciertamente una opción, pero no se puede decir que sea una buena opción.

Si bien no hay una manera perfecta de responder o de apoyar a alguien que te importa, aquí te presento algunas buenas reglas básicas.

1. El dolor pertenece al que sufre

Tú tienes un papel de apoyo, no el papel central, en el dolor de tu amigo. Puede parecer un poco raro porque eso está claro. Sin embargo, gran parte de los consejos, sugerencias y la «ayuda» que se le brinda a las personas en duelo les indica que deberían hacerlo de manera diferente o sentirse de otra forma. La pena es una experiencia muy personal y pertenece por completo a la persona que la experimenta. Puedes creer que tú, personalmente, harías las cosas de manera distinta si te hubiera pasado lo mismo. Espero que no tengas la oportunidad de averiguarlo. Pero ahora, ese dolor pertenece a tu amigo: sigue su ejemplo.

2. Mantente presente y declara la verdad

Es tentador ponerse a hablar del pasado o del futuro cuando la vida actual de tu amigo está destruida. No puedes saber cuál será el futuro, ni el tuyo ni el de tu amigo; puede que las cosas sean mejores o peores «más adelante». Que la vida de tu amigo haya sido feliz en el pasado no justifica en absoluto el dolor que padece ahora, no es un intercambio justo. Mantente presente en la vida de tu amigo, aunque su presente esté lleno de sufrimiento.

También es tentador hablar en general sobre la situación, en un intento de calmar los ánimos. No puedes saber de ningún modo que el ser querido de tu amigo «ya acabó lo que tenía que hacer aquí», o que está en un «lugar mejor». Estas suposiciones generalizadas y absurdas no son útiles. Quédate con la verdad: esto es muy doloroso. Te quiero. Estoy aquí.

3. No intentes arreglar lo que no tiene arreglo

La pérdida de tu amigo no puede ser reparada, suavizada ni resuelta. El dolor en sí mismo no se puede mejorar. Por favor, consulta el n.º 2. No digas nada que intente arreglar lo que no tiene arreglo y lo estarás haciendo bien. Es un alivio impagable tener un amigo que no trata de minimizar el sufrimiento.

4. Estar dispuesto a presenciar un dolor punzante e insoportable

Hacer n.º 4 mientras practicas n.º 3 es muy, muy difícil.

5. Esto no va sobre ti

Estar con alguien que sufre no es fácil. Tendrás que soportar cosas: estrés, preguntas, ira, miedo, culpa. Tus sentimientos probablemente se verán heridos. Puedes sentirte ignorado o despreciado. Tu amigo no puede actuar correctamente en vuestra relación. Por favor, no lo tomes personalmente y no te enfades con él. Encuentra a tu propia gente en la que apoyarte en este momento; es importante que tú también recibas apoyo mientras ayudas a tu amigo. En caso de duda, refiérete al n.º 1.

6. Anticipa, no preguntes

No digas: «Llámame si necesitas algo», porque tu amigo no te llamará. No porque no lo necesite, sino porque identificar una necesidad, descubrir quién puede satisfacer dicha necesidad y luego hacer la llamada telefónica para pedir está a años luz de sus niveles de energía, su capacidad o su interés. En vez de eso, haz ofertas concretas: «Estaré allí a las 8:00 de la tarde, el jueves, para sacar la basura de tu casa», o «Pasaré cada mañana antes de ir al trabajo para darle un paseo rápido a tu perro». Tienes que ser una persona de confianza.

7. Hacer las cosas recurrentes

El trabajo real, pesado y auténtico del duelo no es algo que nadie pueda hacer, salvo el afectado (consulta n.º 1), pero puedes disminuir la carga de obligaciones «normales» en la vida de tu amigo. ¿Hay tareas repetitivas que puedas hacer? Cosas como pasear al perro, ir a buscar medicamentos, retirar la nieve de la entrada o recoger el correo son buenas opciones. Apoya a tu amigo en cosas pequeñas y corrientes pero necesarias: ésas son pruebas tangibles de afecto.

Intenta no hacer nada irreversible, como lavar la ropa o limpiar la casa, a menos que lo hayas consultado. Esa botella de refresco vacía que está al lado del sofá puede parecer basura, pero quizás el difunto pudo haberla dejado allí justo antes de morir y tu amigo necesita verla cerca. La ropa sucia puede ser lo último que huele a la persona que tu amigo ha perdido. ¿Entiendes lo que quiero decir? Las pequeñas cosas insignificantes se vuelven preciosas durante el duelo. Pregunta primero.

8. Abordar proyectos juntos

Dependiendo de la circunstancia, puede haber tareas difíciles que deben ser atendidas obligatoriamente, como la compra de ataúdes, las visitas a los depósitos de cadáveres, el embalaje y la clasificación de habitaciones o casas. Ofrece tu ayuda y sigue adelante con tus ofertas de apoyo. Sigue la guía de tu amigo en estas tareas. Tu presencia a su lado es poderosa e importante; las palabras suelen ser innecesarias. Recuerde n.º 4: ser testigo y estar presente.

9. Bloquea las interferencias

Para el nuevo afligido, la afluencia de personas que quieren mostrar su apoyo puede ser seriamente abrumadora. El duelo temprano es un período intensamente personal y privado que puede llegar a sentirse como vivir encerrado en una pecera. Hay formas para proteger a tu amigo y protegerlo del exterior si te estableces como una especie de portavoz, como la persona que transmite información al mundo exterior u organiza visitas, etc. Los guardianes son realmente útiles los primeros días de duelo.

10. Educar y abogar

Es posible que otros amigos, familiares y conocidos te pidan información sobre tu amigo ocasionalmente. Si esto ocurre, puedes ser un gran educador, aunque sea sutilmente. Puedes normalizar el dolor de tu amigo con respuestas como: «Tiene momentos mejores y momentos peores y así va a seguir durante bastante tiempo». «Una pérdida así cambia cada detalle de la vida». Si alguien te pregunta sobre tu amigo, más adelante, podrías decir cosas como: «La pena nunca desaparece. Es algo que llevas contigo para siempre, aunque de distinta manera».

11. Amor

Por encima de todo, demuestra tu afecto. Tienes que estar presente. Decir algo. Hacer algo. Tienes que estar dispuesto a quedarte quieto al lado del enorme agujero que se abrió en la vida de tu amigo, sin inmutarte ni girar la cara. Estar dispuesto a no tener ninguna respuesta. Escucha. Permanece ahí. Sé un amigo. Demuestra afecto. El amor es lo que perdura.

RECURSOS

Sigues siendo difícil encontrar buenos recursos cuando estás de duelo. El panorama de apoyo está mejorando, pero aún no es para lanzar cohetes. Las organizaciones enumeradas a continuación están entre mis pocas favoritas.

Para lidiar con el duelo en familias con niños, no hay mejor lugar que el Centro Dougy. Son expertos internacionales en el duelo de los niños y los únicos profesionales invitados tras desastres naturales o provocados por el hombre a gran escala. Están en www.dougy.org

La Fundación MISS ofrece apoyo y recursos a las personas que sufren la muerte de un niño a cualquier edad. Véase www.missfoundation.org

Soaring Spirits International alberga un blog escrito por varios escritores diferentes que han sufrido todos ellos la pérdida del cónyuge o pareja. La fundación también organiza conferencias los fines de semana para viudos y viudas, con un gran porcentaje de asistentes menores de cincuenta años. Busca *Camp Widow* en el sitio web www.soaringspirits.org. En su página de recursos puedes encontrar enlaces a muchos otros servicios para personas viudas y familias en duelo.

Modern Loss es una gran web, especialmente para adultos jóvenes y de mediana edad. Cubren gran variedad de pérdidas a través de publicaciones y ensayos. Si eres escritor también puedes considerar la posibilidad de ayudar con tu propio trabajo. Encuéntralos en www.modernloss.com

Glow in the Woods es un sitio para familias que han perdido bebés. Son un recurso increíble tanto para el compañerismo dentro de la pérdida como para obtener información sobre cómo enfrentar las realidades físicas y emocionales de la muerte neonatal y posparto. Visita www.glowinthewoods.com

La Fundación Liz Logelin otorga fondos a las familias cuando muere el cabeza de familia. Se puede encontrar información sobre subvenciones y recursos para familias desamparadas en www.thelizlogelinfoundation.org

ACERCA DE LA AUTORA

Megan Devine es escritora, conferenciante y defensora del derecho al duelo. Viaja por el mundo animando a las personas a decir la verdad sobre su dolor y a aprender a escuchar sin correr para intentar recomponer los corazones rotos de cada cual.

ÍNDICE